Der Krieg ist aus

Erinnern in München nach 1945

Der Krieg ist aus

Erinnern in München nach 1945

Herausgegeben
von
Franz Kotteder und
Eberhard Wolf

Süddeutsche Zeitung | Edition

Impressum

Herausgegeben von
Franz Kotteder und Eberhard Wolf

Gestaltung: Wilhelm Raffelsberger
Satz: Redline GmbH, J. Echter
Repro: JournalMedia GmbH, Oliver J. Kneidl
Druck: MOHN Media, Gütersloh
Printed in Germany
ISBN: 3- 937793-58-5

Mit einem Essay von Thomas Weidner

Wenn die Dinge erzählen

Wie die Serie „Der Krieg ist aus" entstand

Für München war der 30. April 1945 in zweifacher Hinsicht ein historisches Datum. Nicht nur, weil die Stadt an diesem Tag von amerikanischen Truppen besetzt und damit von der Naziherrschaft befreit wurde. Es war auch der Tag, an dem Adolf Hitler sich im Bunker der Berliner Reichskanzlei das Leben nahm. Ironie der Geschichte: An dem Tag, als des Führers „liebste Stadt in Deutschland" fiel, jene Stadt, deren Bürgertum seinen Aufstieg nicht eben wenig befördert hatte und die er deshalb zur „Hauptstadt der Bewegung" ernannt hatte, war auch seine Existenz beendet.

Für die Münchner jener Tage war dieses Datum zwar der Schlusspunkt, was Naziterror und Luftangriffe anging. Das Überleben wurde dadurch für die meisten freilich nur ein bisschen leichter. Die Stadt war ein Trümmerhaufen, sieben Millionen Tonnen Schutt lagen in den Straßen. 300 000 Münchner waren obdachlos, Heimkehrer und Flüchtlinge kamen in die befreite Stadt, und mehr als 100 000 Verfolgte des Nazi-Regimes waren in „Displaced Persons Camps" notdürftig untergebracht. Von den rund 9 000 Münchner Juden hatten gerade einmal 84 Diktatur und Vernichtung überlebt.

Alle diese Zahlen sagen viel und zugleich wenig aus über die Jahre, in denen der Krieg, den die Deutschen in die Welt hinausgetragen hatten, nach Hause zurückgekommen war, und über die Zeit, die danach kam. Für jene, die sie miterlebten, ist diese Zeit ja nicht mit Statistiken verbunden, sondern vielmehr mit einzelnen Dingen und Gegenständen, die das Kriegsende für sie symbolisieren: ein in den Trümmern aufgelesenes Stück Schutt, ein altes Werkzeug, ein paar Schuhe zum Beispiel.

Angelika Baumann vom Kulturreferat der Landeshauptstadt München und Thomas Weidner, der Leiter der Graphik-Sammlung des Münchner Stadtmuseums, hatten die Idee, aus diesen symbolhaften Fundstücken eine Ausstellung zu machen, die vom Kriegsende in München erzählt. Der Gedanke überzeugte auch die Redaktion „Münchner Kultur" der *Süddeutschen Zeitung*. Und so kam ein Gemeinschaftsprojekt zustande, nämlich die Ausstellung „Der Krieg ist aus" im Münchner Stadtmuseum.

Von Januar 2005 an erschienen in der *SZ* in der Serie „Der Krieg ist aus" insgesamt 30 Artikel, die die Geschichten zu den später im Stadtmuseum gezeigten Fundstücken erzählten. Weil die Serie großen Anklang fand und eine Ausstellung naturgemäß zeitlich begrenzt ist, haben wir uns entschlossen, aus der Serie ein Buch zu machen. Dies nicht zuletzt auch, weil im Bildarchiv des Süddeutschen Verlags eine Vielzahl historischer Fotodokumente aus der Nachkriegszeit vorhanden ist, die eine perfekte Ergänzung zu den erschienenen Geschichten darstellen und die Gelegenheit boten, eine Art Bild-Essay jener Jahre zu gestalten.

Zu danken ist vor allem Thomas Weidner vom Münchner Stadtmuseum und Angelika Baumann vom städtischen Kulturreferat, ohne die Serie und Buch nicht möglich gewesen wären. Dank gilt auch Marta Reichenberger und Tatiana Hänert von der Agentur *Kulturvergnügen,* die sich von Anfang an um die Leihgeber kümmerten und das Projekt im Auftrag der Stadt betreuten, dem Fotoatelier des Stadtmuseums, aber auch Andreas Heusler vom Stadtarchiv München für seine wissenschaftliche Mitarbeit an der Ausstellung und schließlich dem Bayerischen Rundfunk, dessen Programm *Bayern2Radio* die Ausstellung durch seine „Hör-Bar" mit Interview-Ausschnitten und eigene Sendungen bereichert hat.

Franz Kotteder/Eberhard Wolf

Hauptsta
Mün

er Bewegung
chen

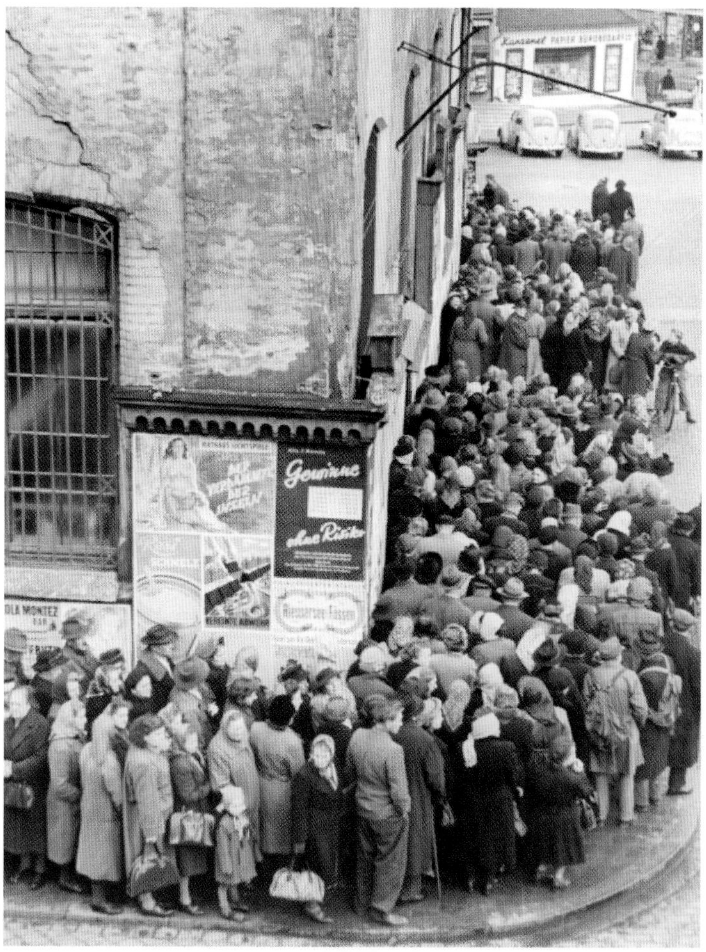
Gewinne
ohne Risiko
OLA MONTEZ
BAR

Löwenbräu

Thomas Weidner

Das Unbehagen der Verschonten

„Death is so permanent": Was der Schriftsteller Max Frisch 1946 in München erlebte

Im Juni 1946 erschien in der *Neuen Schweizer Rundschau* ein Beitrag aus Deutschland: „Death is so permanent. Notizen einer kleinen deutschen Reise". Der Verfasser war Max Frisch. Knapp ein Jahr nach Ende des Zweiten Weltkriegs hatte er sich von Zürich aus aufgemacht, eine Bestandsaufnahme des Nachbarlands zu schreiben. Ausgehend von München standen mit Heidelberg, Frankfurt und Berlin genau die Städte auf dem Programm, die seit dem 19. Jahrhundert zu den touristischen Hauptattraktionen zählten und den Besuchern aus dem Ausland als typisch deutsch gegolten hatten. Inzwischen waren aus den Reisezielen freilich Bombenziele geworden. In Umkehrung der „Baedeker-Angriffe", die seit 1942 die deutsche Luftwaffe auf historische Städte in England geflogen hatte, wurde das Zielhandbuch der Royal Air Force als „Bomber's Baedeker" bekannt. Die meisten Städte waren mehr oder weniger zerstört. Unter diesen Vorzeichen schrieb Frisch die literarische Tradition des Reiseberichts aus einem ganz neuen Blickwinkel fort. Sehr weit ist er allerdings nicht gekommen. An der Grenze zur russischen Besatzungszone erwies sich das Akkreditiv für die Einreise nach Berlin als ein nutzloses Stück Papier. Auch die Fahrt nach Heidelberg kam nicht zustande. Um eine Reisebewilligung zu erhalten, hätte man fünf oder sechs Stunden in der eingestürzten Schalterhalle des Hauptbahnhofs warten müssen. Entnervt trat Frisch aus der Schlange und schämte sich sogleich vor zweihundert anderen Leuten für seine Ungeduld. In einem Tagesausflug gelangte er immerhin bis nach Frankfurt. Von den städtischen Wahrzeichen war jedoch nichts mehr übrig: „Eine Tafel zeigt uns, wo das Goethehaus stand: Historical Monument."

Während des gesamten Aufenthalts in Deutschland ist Max Frisch dann kaum über seinen Ausgangspunkt hinausgekommen. Im wesentlichen beziehen sich seine Eindrücke auf München. Gut vier Wochen lang hat er sich in der zerstörten Stadt umgesehen. In München fand er auch die Überschrift für seinen Beitrag. Sie zitiert ein Transparent, mit dem die amerikanische Militärregierung die zentrale Verkehrsachse zwischen Karlstor und Isartor markiert hatte *(siehe Abbildungen rechts)*: „‚Death is so permanent.' In großen Lettern steht es über die Straßen geschrieben, ein Memento, das die Amerikaner an ihre eigenen Fahrer richten, lyrisch im Anruf, praktisch im Zusatz: ‚Drive carefully'". Mit diesem Motto beginnen die Reisenotizen.

Als Frisch zu Ostern 1946 nach München kam, waren die Aufräumarbeiten bereits in vollem Gang *(siehe Abbildungen im Text auf Seite 16)*. Es herrschte bestes Wetter. Die Stadtchronik verzeichnete den seit einhundert Jahren wärmsten April mit Höchsttemperaturen von über 20 Grad an 13 Tagen. Von Frühlingsstimmung konnte freilich keine Rede sein. Die Versorgungslage war katastrophal; in dem Unrat allerorts hatte sich eine Rattenplage ausgebreitet. Überall wurden Rohstoffe gesammelt. Es gab eine Lumpensammelaktion, und es gab eine Knochensammelaktion. Für fünf Kilogramm Sammelknochen erhielt man ein Stück Kernseife zum Preis von elf Pfennigen. In der anhaltenden Hungersnot mussten die Nahrungsrationen von 1550 auf 1275 Kalorien pro Tag reduziert werden. Lebensmittelmarken erhielt nur, wer die in den Polizeirevieren ausliegenden Fragebogen ausfüllte, auf denen alle volljährigen Einwohner aufgerufen waren, ihren Status während der nationalsozialistischen Herrschaft offen zu legen. Inzwischen waren rund 4000 Mitglieder der ehemaligen nationalsozialistischen Partei für die freiwillige Schutträumung registriert. Bei einer Beschäftigung von mindestens 60 Tagen wurde ihnen eine Bescheinigung in Aussicht gestellt, die bei Spruchkammerverfahren gewürdigt werden sollte. Außerdem wurden jeder Schulklasse Parzellen zur Schutträumung zugewiesen. Über die besten Leistungen entschied ein Wettbewerb. Um effektiver arbeiten zu können, wurden die Uhren auf Sommerzeit umgestellt. In seiner

11. Jahressitzung konnte der Stadtrat zum 7. Mai 1946 bilanzieren, dass bereits 18 000 Kubikmeter Schutt beseitigt worden seien; 400 000 Ziegelsteine und 100 Tonnen Eisenträger habe man aussortiert. Zwei Eisenbahnanlagen seien installiert worden, mit denen nun täglich 5 000 Kubikmeter Schutt abzutragen waren. Auf diese Weise könne die Stadt schon in acht Jahren „schuttfrei" sein. Die Prognose traf zu. Gegen Ende 1953 waren die Räumungen weitgehend abgeschlossen, wie der Wiederaufbaureferent der Landeshauptstadt München in seinem Jahresbericht vermeldete. Insgesamt betrug die Schuttmenge jetzt zehn Millionen Kubikmeter.

In seinen Reisenotizen verzichtete Frisch auf solcherlei statistische Information. Es ging ihm nicht um faktische Recherchen oder auf abstraktes Zahlenwerk gestützte Erfolgsmeldungen. Frisch beschreibt eine Stadt, die wohl einmal herrlich gewesen sein muss, jetzt aber nichts weiter als einen trostlosen, in jeder Hinsicht desolaten Anblick bot. Mit unverkennbar literarischem Gestus stilisiert er seine Eindrücke zu

Bildern von geradezu expressionistischer Wucht: „Aus einem Tor, das unter grünenden Bäumen steht, kommt eine erstarrte Kaskade von Schutt; ein Tor von bezauberndem Barock; es ist wie ein Mund, der erbricht, der mitten aus dem blauen Himmel heraus erbricht, mitten auf die Straße hinaus erbricht, das Innere eines Palastes erbricht." In syntaktischer Verknappung reihen sich die Beobachtungen zu Sequenzen von ganz unwirklich erscheinenden Traumbildern; Frisch selbst spricht von einem „Traum bei helllichtem Tage" und mit eben der Ziellosigkeit eines Traumwandlers streift er durch den Münchner Schutt. Unvermittelt stößt er auf die Überreste bekannter Bauwerke, die inmitten der Trümmerberge stehen wie erratische Blöcke. Sie dienen als Momente der Orientierung, die aber schnell wieder verloren geht, weil das städtebauliche Bezugssystem fehlt. Der Versuch, das Chaos mit Mitteln der Sprache zu bewältigen, führt zu grotesken, gleichwohl kalkulierten Verzerrungen, vor allem dann, wenn der Zerstörung ästhetische Qualitäten abgewonnen werden: „Immer wieder gibt es Ruinen von einem makabren Zauber, schön, vor allem farblich: das blasse Terrakotta von Backsteinen, die ganze Halden bilden, Bläue darüber, manchmal eine ganze Wand mit verblassten Tapeten, vier oder fünf Stockwerke übereinander, alle mit anderen Farben, dazu die schwarzen Ornamente von Brand, Zungen von Ruß, Fenster voll Ferne und ziehendem Gewölk, Frühling; oft blickt man von einer Straße in die andere hinüber, plötzlich, wenn auch durch ein Netz von rotem Rost, es sind Reste einer niederhängenden Decke, Eisenträger, wie Schlangen geschlungen, plötzlich sieht man die Liebfrauenkirche, auch sie ein offener Raum voll mittäglicher Sonne, Stille mit schwirrenden Vögeln darin, wie ein Gast steht ein einzelner Pfeiler in der Mitte, wie ein Heimkehrer, der sich umschaut, Ansätze eines Gewölbes, Fetzen einer Malerei, die plötzlich an die Sonne kommt, das Dach ist ausgebrannt, teilweise noch als Gerippe vorhanden, klar, sauber und kahl wie das Skelett eines lange ausgestorbenen Sauriers. Und auch hier sieht man wieder auf der anderen Seite hinaus: Kamine, die stehen geblieben sind, eine Badewanne ganz oben, Fenster voll Bläue und ziehendem Gewölk, und immer so weiter, es ist eine Transparenz, der kaum ein Haus widersteht, obschon man geht und geht." An anderer Stelle ist es der blanke Irrsinn, der metaphorisch über den Verwüstungen schwebt: „Und die bröckelnden Schwingen eines Engels darüber, einsam wie alles Schöne, fratzenhaft wie alles Erhaltene; es hat das Lächeln eines Irren, unwahrscheinlicher als die Trümmer ringsum, das Schweigen ringsum, das Erstorbene, wenn es von der mittäglichen Sonne beschienen wird, das erschreckend Endgültige. ‚Death is so permanent.'"

Zweifellos zählen die Beschreibungen von Max Frisch zu den eindrucksvollsten Zeugnissen zur Münchner Nachkriegszeit. Auf eigentümliche Weise finden sie eine Entsprechung in den Fotografien, die gleichzeitig Herbert List vom zerstörten München machte *(siehe Abbildungen im Text auf Seite 18)*. Seine später unter dem Titel „Memento 1945" zusammengefasste Serie setzt sich deutlich von den dokumentarisierenden Archivaufnahmen zeitgenössischer Pressefotografen ab. Die Aufnahmen erreichen einen Grad der Ästhetisierung, der den sprachlichen Bildern Frischs in nichts nachsteht. In der künstlerischen Auseinandersetzung mit den Ruinenmotiven griff List mitunter auf einen Darstellungsmodus der Antikenrezeption zurück; seine Aufnahme von Klenzes Marstall beispielsweise weckt die ungefähre Erinnerung an einen Aquädukt in der römischen Campagna *(siehe Abbildung auf Seite 19)*. Im Sinne Lessings könnte man von der ästhe-

tischen Bannung des Schrecklichen sprechen. Die Fotografien von Herbert List verbreiten eine merkwürdige Stille, die sich nach Art einer „natura morta" über die Ruinen legt. Diese Lautlosigkeit wurde wiederholt auch von Max Frisch bemerkt, wenn ihm die umherstreifenden Passanten etwa nur als „Pantomime" erschienen sind. Bei List sind die Menschen, die in den Ruinen lebten, wie auf einem Landschaftsgemälde bestenfalls Staffage. Als seien es Neutronenbomben gewesen, die über München abgeworfen wurden, treten anstelle der Bewohner zumeist bronzene Bildwerke, die von ihren Sockeln gestürzt sind oder als stumme Zeugen aus den Schuttbergen ragen wie die Statue von Kurfürst Johann Wilhelm von der Pfalz im Areal der Münchner Residenz *(siehe Abbildung Seite 21)*. Ganz ähnlich hat Frisch eine Szenerie beschrieben, die sich ihm augenscheinlich auf dem Wittelsbacher Platz dargeboten hatte: „Ein Eroberer zu Pferd, der immer noch in die Leere eines vergangenen Raumes reitet, aufrecht auf einem Sockel von Elend, umgeben von Stätten des Brandes, Fassaden, deren Fenster schwarz und hohl sind wie die Augenlöcher eines Totenschädels. Auch er begreift noch nicht."

Es ist das Unbegreifliche, das Frisch als Fazit aus all den Ruinenbildern zieht. Er ertappt sich dabei, wie er dem „Grauen" zu entkommen versucht, indem er sich in die Isarauen zurückzieht: „Das Wasser ist wie überall, unzerstörbar, es quirlt, es schäumt, es glitzert die Sonne darin, es ist das einzige, was nicht entformbar ist." Doch hält wie bei allen Maßnahmen der Verdrängung die therapeutische Wirkung nicht lange vor. In immer wieder neuen Anläufen sucht Frisch deshalb nach einem Ansatz, mit dem sich die erdrückende Ohnmacht des Elends in eine rationale Begründung überführen lässt. Dem Topos der Unaussprechlichkeit wird ein geradezu existenzielles Bedürfnis nach Erklärungen entgegengesetzt. So nimmt die Münchner Trümmerprosa eine entscheidende Wendung: „Wäre es ein Erdbeben gewesen, ein Werk der blinden Natur, man könnte es begreifen, man könnte es hinnehmen ..."

Max Frisch hat diesen Satz noch einmal überarbeitet. In seinem ersten großen Werk, dem „Tagebuch 1946 – 1949", das 1950 im neu gegründeten Suhrkamp Verlag erschien und in das auch Abschnitte aus dem Münchner Text eingeflossen sind, heißt es jetzt: „Wäre es ein Erdbeben gewesen, ein Werk der blinden Natur, man könnte es ebenso wenig begreifen; aber man könnte es hinnehmen ohne Begreifen –". Die aus dem Modus des Irrealis abgeleitete Aussage ist in der Neufassung korrigiert und bekräftigt zugleich. Frisch konstatiert, dass einer Naturkatastrophe mit Erklärungen letztlich nicht beizukommen sei, gerade weil sie sich allen Wertvorstellungen entzieht. Vor dem Horizont bildungsbürgerlicher Gelehrsamkeit scheint das Erdbeben von Lissabon des Jahres 1755 auf, das so nachhaltig wie kein anderes Naturereignis den aufklärerischen Fortschrittsglauben erschüttert und das herrschende Weltbild aus seiner religiösen Verankerung gerissen hatte. Mit dem Ausbruch des Vesuv im Jahr '79 hat Frisch eine weitere historische Bezugsgröße parat, wenn er in der zerstörten Halle des Münchner Hauptbahnhofs lapidar bemerkt: „Ein Dach gibt es hier nicht, so wenig wie in Pompeji." Heute hätte er sich vermutlich auf die Flutwelle vom 26. Dezember 2004 in Asien bezogen, mit der seine Reflexion über den Begriff der Naturkatastrophe eine erschreckende Aktualität erfahren hat. Das in seinen Dimensionen noch immer kaum abschätzbare Ausmaß des Elends bietet dennoch keine gültige Relation; die Maßstäbe stimmen nicht. Wenn unter dem Eindruck des Tsunami die Forderung nach Frühwarnsystemen laut wird, dann stellt sich vielmehr die Frage nach solchen Seismographen, mit denen geschichtlich bedingte Traumatisierungen hätten verhindert werden können und künftig zu verhindern sind. Dies setzt einen Erkenntnisprozess voraus. Aus der einfachen Konversion seiner These, wonach Zerstörungen eines Krieges gerade eben kein Naturereignis sind, leitet Max Frisch die Notwendigkeit zur persönlichen Auseinandersetzung ab. Das ist das eigentliche Thema seiner Reisenotizen.

Frisch scheint niemanden in München gekannt zu haben. Umso offener und auch unvoreingenommener trat er in persönlichen Kontakt zu den Einwohnern. Er begegnete ihnen als Reporter, um sie nach ihren Erlebnissen und Geschichten zu befragen. Die Aufzeichnungen dieser Gespräche bilden das Gerüst des gesamten Textes und geben der Collage aus Beobachtungen und Denkspielen die eigentliche Struktur. Zumeist kommen die Interviewpartner in monologischen Absätzen und in direkter Rede zu Wort. Den Anfang macht der Familienvater, bei dem sich Frisch einquartiert hatte. Er charakterisiert seine Gastleute als ein junges Paar,

„Ausgebombte, die eben ihren dritten Unterschlupf gefunden haben". Der Mann schildert die Befreiung von der nationalsozialistischen Diktatur als einen notwendigen Akt der Gefangennahme, die ihn zunehmend mit Scham erfüllt. Im Rückblick auf die letzten Kriegstage spricht er von einer versäumten „Revolution", von einer „Säuberung aus eigener Kraft", die man jetzt nicht mehr habe: „Wir warteten, bis die Amerikaner uns gefangen nahmen. Es war eben nicht, wie wir uns einbildeten, o nein, es war nicht die Mehrzahl, die gegen Hitler stand, nicht einmal die Hälfte, nicht ein Drittel, nichts, was uns als Volk freispricht. Das ist es, was zum Verzweifeln ist. Verstehen Sie? Es hat sich nicht gelohnt, dass man das alles überlebt hat..."

Frisch hatte seine Unterkunft in Harlaching gefunden, in einem Villenviertel, das während seines Aufenthalts von der amerikanischen Kommandantur zur Unterbringung der eigenen Angehörigen beschlagnahmt wurde: „Heute morgen, als ich in die Stadt will, stehe ich plötzlich vor einem Stacheldraht, der rings um das ganze Quartier verläuft, etliche Kilometer lang, ein Geschenk der Nacht; deutsche Kriegsgefangene, die unter Aufsicht arbeiten, verknüpfen gerade noch die letzten Rollen. Wachen mit Gewehr." In dieser Nachbarschaft kam er schnell mit Vertretern der Besatzungsmacht ins Gespräch. Unumwunden legt ihm „ein junger Amerikaner dar", warum es unmöglich sei, den Erwartungen der Deutschen gerecht zu werden: „Im Grunde ist es immer noch ein Wettrennen mit Hitler, ob er es für sie nicht besser machen würde als wir". Er fasst seine Überzeugung, ein Volk könne nicht zur Demokratie verpflichtet werden, in die lakonische Formel: „Wir bringen Benzin, aber keine Demokratie." Auf Frischs Frage, was denn nun geschehen soll, antwortet der Soldat mit einem Achselzucken: „Wenn mir einer an die Gurgel springt und ich schlage ihn zu Boden, so tue ich das nicht, weil ich mich als seinen Lehrmeister betrachte, weil ich mir einbilde, dass ich ihn ändern könne, oder weil ich ihm beweisen will, dass ich selber keine Fehler habe – sondern ich tue es, damit er mich nicht erwürgt."

Dem Statement folgt die Aussage eines ehemaligen Wehrmachtssoldaten, der noch im Alter von 50 Jahren in den Karpaten gekämpft habe und beim Rückzug „wegen feigen Verhaltens vor dem Feind" knapp der Hinrichtung entgangen sei. Über die Vorgänge in den Konzentrationslagern sei er durchaus informiert gewesen: „Ich wusste von Dachau, weil mein Bruder dort war, von Oranienburg, weil ich das Buch von den Moorsoldaten gelesen habe, aber von allen anderen nichts – ja, man kann es selber nicht mehr glauben, wozu man fähig war; ich gebe es zu, man wurde einfach müde, jahrelang zu denken, dass alles gelogen sein könnte." Über diesen Mann notiert Frisch, er sei der erste gewesen, der nicht die augenblicklichen Zustände beklagte, „sondern klagt über das Ungeheure, was geschehen ist".

Wie schwer es augenscheinlich gefallen sein muss, die eigene Situation in einen übergeordneten Zusammenhang zu stellen, wird im Anschluss an eine Filmaufführung deutlich. Offenbar handelte es sich um den in der Schweiz produzierten Film „Die letzte Chance", der unter Mitwirkung von Therese Giehse das Leben der Flüchtlinge thematisiert und erstmals in Deutschland am 11. April 1946 im Münchner Luitpold-Filmtheater gezeigt wurde. Im Text von Frisch findet die Auseinandersetzung bei einem Bankett in der amerikanischen Messe statt. Er zitiert einen „deutschen Kommissar" mit den Worten: „Der Film zeigt uns das Elend der Flüchtlinge, eine Tragödie, die erst heute in ihrer ganzen Tragweite beginnt..." Freilich nur in Gedanken unterbricht Max Frisch: „Und was in all den dreizehn Jahren geschah?" Darüber gerät er in die Diskussion mit einer Sudetendeutschen, die erzählt, wie grausam sie von Russen und Tschechen behandelt worden sei: „Glauben Sie mir, mein Herr, was eine fremde Besatzung ist, das wissen wir!" Später äußert sich ein amerikanischer Offizier zum Problem der Vertreibung. Angesichts eines Zugwaggons mit 240 Leichen aus Ostdeutschland sagt er: „Es ist eine Tragödie im Gange, die dadurch nicht geringer wird, dass sie sich aus der früheren erklären lässt, und die man ebenso wenig verschweigen dürfte wie Auschwitz und diese Dinge."

Einmal will Frisch einem von der Fachwelt längst isolierten Akademiker Briefe von Kollegen überbringen. Er ist kaum ausfindig zu machen und haust in einer übelriechenden Ruine – „zeitweise ist es, als träfen wir uns im afrikanischen Busch". Beiden ist die Situation peinlich, dem Deutschen, weil er sich zur Rechtfertigung gedrängt sieht, dem Schweizer, weil ihn die Verteidigungshaltung in die Rolle eines Richters versetzt, dem zum Urteilsspruch die Legitimation fehlt. „Wir stehen bereits auf der Schwelle, geben uns die Hand, als er, ein Herr mit grauen Haaren, einen unbekannten Ausländer fragt: ‚Warum sind wir Deutsche so ein grässliches Volk? Sagen Sie es mir. Warum eigentlich?'". Ein andermal ist es „eine junge Frau", die ihren Selbstekel zur

Selbstverleugnung steigert. Sie anzuhören ist für Frisch ebenso erschütternd wie peinlich: „Ich kann hier nicht leben, sehen Sie, nicht unter Deutschen. Ich werde kein Kind auf die Welt bringen, wenn es in diesem Land aufwachsen muss, es hat keinen Sinn, das deutsche Volk wird sich nicht ändern, nie; schauen Sie es doch an: heute in seinem Elend und Jammer, nicht einer ist Mann genug, dass er dazu steht, keiner ist schuld, keiner gibt auch nur zu, dass er auf die falsche Karte gesetzt hat, dass er mit Begeisterung daran glaubte; wir sind ein Volk von Kriechern, treulos bis in die Knochen – ich selber bin Deutsche, allein der Gedanke daran ekelt mich."

Irgendwo in Harlaching nimmt Frisch an der Geburtstagsfeier für einen amerikanischen Leutnant teil. In der anfangs ausgelassenen Gesellschaft wird er Zeuge einer Streiterei, die zwischen einem Besatzungssoldaten und dessen deutscher Freundin aufkommt und sich schnell in die ganze Runde überträgt: „Wieder die Schuldfrage, wieder die ganze Kette von unsicheren Begriffen, die jedes Mal in eine heillose Verwirrung führen. Es hilft nichts, dass jemand aufsteht: ‚Jetzt hört schon endlich einmal auf!' Das möchten eigentlich alle. Aber das Gefälle ist da, noch wenn sie schweigen." Schließlich verschafft sich ein alter Mann Gehör. Als Kommunist sei er seit 1933 zuerst in Dachau, dann in anderen Konzentrationslagern interniert gewesen. An seine Befreier gewandt, bezichtigt er sich des eigenen Versagens: „Schuldig sind unsere Jahrgänge. Darüber waren wir uns auch im Lager eigentlich einig. Nicht unsere Söhne, und wenn sie siebenmal dabei waren."

Frisch bezeichnet den auf der amerikanischen Party entfachten Streit als „ein babylonisches Gespräch". Dies gilt für die Vielfalt aller Stimmen, die er in seinem Text versammelt hat. Das Spektrum ist weit abgesteckt und reicht von jungen zu alten Menschen, von Einheimischen zu Fremden und wenn nicht von Tätern, so zumindest von Mitläufern zu Opfern. Sie repräsentieren unterschiedliche Standpunkte, die sich zu einem vielschichtigen Abbild der Münchner Nachkriegsgesellschaft verdichten. Im steten Wechsel der Perspektive folgen disparate Positionen aufeinander, treten aber nirgendwo in einen konstruktiven Dialog. Die Anonymität der Sprecher wird durch eine Typisierung aufgehoben, aus der sich weit über die individuelle Biografie hinaus Charaktere formen lassen. Nicht von ungefähr könnte es sich um das Personal von Bühnenstücken handeln, wie sie Frisch in dieser Zeit bald selbst zu schreiben begann; im Januar 1949 kam beispielsweise sein Schauspiel „Als der Krieg zu Ende war" zur Uraufführung. Hier geht es um die Liebesbeziehung einer deutschen Ehefrau zu einem russischen Offizier, die paradoxerweise deshalb funktioniert, weil die Sprache des anderen nicht verstanden wird. Vergleichbare Konstellationen sind schon in den Münchner Reisenotizen skizziert.

Die Aussagen sind insgesamt niederschmetternd. Man kann einwenden, dass sie von der selektiven Wahrnehmung des Autors geprägt sind; Frisch hat die „oral history" gewissermaßen literarisch gefiltert und auf ihre dramaturgische Tauglichkeit erprobt. Doch bedeutet die Methode nicht zwangsläufig einen Authentizitätsverlust gegenüber tatsächlichen Originaltönen, die als historisch verwertbare Zeitzeugenschaft nicht nur der Quellenkritik, sondern auch den jüngst diskutierten Formen einer Gedächtniskritik standzuhalten haben. Stets basiert der Bericht eines Augenzeugen auf einer Gedächtnisleistung, in der Mechanismen der Selektion, Überblendung und Verformung wirksam werden. So werden Erinnerungsbilder erzeugt, die sich in der zeitlichen Distanz zunehmend verselbständigen können. Es ist erstaunlich genug, dass in all den von Frisch aufgezeichneten Gesprächen noch nicht einmal ansatzweise jener Optimismus aufscheint, auf den sich heute so viele Zeitzeugen berufen, wenn sie die angebliche Aufbruchstimmung der zur „Stunde Null" deklarierten Nachkriegszeit schildern. Jenseits nostalgischer Verklärung spricht aus seinen Notaten die pure Resignation. Wenn überhaupt, dann ist es Max Frisch selbst, der den Münchnern eine vage Perspektive vermittelt, indem er die beiden Städte seiner Reiseroute im Direktvergleich sieht: „Wenn man in Frankfurt steht, zumal in der alten Innenstadt, und wenn man an München zurückdenkt: Frankfurt ist zerstört, München ist nur verletzt. Ich habe beide Städte nicht gekannt. München kann man sich vorstellen, Frankfurt nicht mehr. [...] Nach einem Menschenalter, wenn weitere Kriege vermieden werden, kann München wieder eine Stadt sein, die der früheren durchaus verwandt bleibt; Frankfurt ist vorbei."

In seinen Reisenotizen hat Max Frisch einen ersten Eindruck vom zerstörten Deutschland wiedergegeben. Zwischen den Protokollen seiner Gesprächspartner und den Beschreibungen der physischen und psychischen Vernichtung stehen Abschnitte des Nachdenkens. Frisch war auf der Suche nach einem Standort, der ein Verstehen ermöglicht. Zu komplex war aber die Situation, als dass ihm einfache Schuldzuweisungen möglich gewesen wären, ohne dabei die eigene Person in Frage stellen zu müssen: „Man greift nicht zum Messer, weil man sich nicht ins eigene Fleisch schneiden will, indem man urteilt. Man schweigt. Nur dass der Verzicht, sich in das Wagnis eines Urteils einzulassen, noch keine Gerechtigkeit ist, nicht einmal Milde und Güte, sondern einfach unverbindlich und weiter nichts; nun ist aber gerade die Unverbindlichkeit, wie wir wissen, die weitaus allgemeinste Art von Mitschuld." Der Autor, der damals 35 Jahre alt war, hätte sich auf die Neutralität seiner Herkunft zurückziehen können. Doch blieb ihm zeitlebens jede Form von Selbstgerechtigkeit suspekt. Schon bei seinen Erkundungen in München begleitete ihn immerzu „eine Art von schlechtem Gewissen". In kritischer Distanz zu sich selbst sprach Frisch vom „Unbehagen der Verschonten". Weder wollte er sich als Richter aufspielen, noch „Pharisäer" sein. Als fremder Beobachter verfügte er aber über eine Urteilsfähigkeit, die den Betroffenen im eigenen Elend offenbar abhanden gekommen war: „Solange dieses sie beherrscht, wie sollen sie zur Erkenntnis jenes anderen Elendes kommen, das Deutsche über die Welt gebracht haben?" Gerade aus dem Status des Außenstehenden wird eine Pflicht zur Stellungnahme abgeleitet. Max Frisch hat sich dieser Aufgabe gestellt als ein Unbeteiligter, der das zerstörte Deutschland aus dem Blickwinkel eines anderen Landes sah. Sie ist mit ungebrochener Dringlichkeit auch einer Generation mitgegeben, die das zerstörte Deutschland aus dem Blickwinkel einer anderen Zeit sehen kann.

Thomas Weidner ist Leiter der Sammlung Graphik und Gemälde des Münchner Stadtmuseums.

Die Abbildungen im Text befinden sich alle in der Sammlung Graphik und Gemälde des Münchner Stadtmuseums. Im Einzelnen handelt es sich um folgende Fotografien: auf Seite 15: Walter Bernard Francé, „Das Karlstor in München", 1946, Inv.Nr. 1954.1138 (655) und „Verkehrsunfall auf dem Karlsplatz in München", 1946, Inv.Nr. 1954.991 (370). Auf Seite 16: Walter Bernard Francé, „Die Maxburgstraße in München", 1946, Inv.Nr. 1954.1138 (907) und „Gießkannen aus Behältern für Gasmasken", 1947, Inv.Nr. 1954.1138 (789). Auf Seite 18: Herbert List, „München 1945 Ottostr.", 1945, Inv.Nr. 66/2203-30 und „Spitzbögen der Frauenkirche München 1945", 1945, Inv.Nr. 66/2203-44. Auf Seite 19: Herbert List, „Marstall", 1946, Inv.Nr. 66/2205-45. Auf Seite 21: Herbert List, „Im Brunnenhof (Kaiserhof) der Residenz", um 1945, Inv.Nr. 66/2205-25.

Quellenangaben zum Text: „Death is so permanent. Notizen einer kleinen deutschen Reise" zit. n.: Max Frisch. Jetzt ist Sehenszeit. Briefe, Notate, Dokumente 1943 – 1963. Hrsg. und mit einem Nachwort versehen von Julian Schütt, Frankfurt a.M. 1998; das „Tagebuch 1946 – 1949" in: Max Frisch. Gesammelte Werke in zeitlicher Folge. Hrsg. von Hans Mayer unter Mitwirkung von Walter Schmitz, Bd.2, Frankfurt a.M. 1976/1986. Von den Monacensia zur Nachkriegszeit grundlegend: Chronik der Stadt München 1945 – 1948. Bearbeitet von Wolfram Selig unter Mitwirkung von Ludwig Morenz und Helmuth Stahleder, München 1980; außerdem: Richard Bauer, Ruinen-Jahre. Bilder aus dem zerstörten München 1945 bis 1949, München 1983; Trümmerzeit in München. Kultur und Gesellschaft einer deutschen Großstadt im Aufbruch 1945 bis 1949. Hrsg. v. Friedrich Prinz, München 1984 (Ausstellungsbuch Münchner Stadtmuseum); Marita Krauss, Nachkriegskultur in München. Münchner städtische Kulturpolitik 1945 bis 1954, München 1985; Münchner Nachkriegsjahre. Hrsg. von der Landeshauptstadt München, bearbeitet von Angelika Baumann, München 1997. Zu List: Ludger Derenthal/Ulrich Pohlmann, Herbert List. Memento 1945. Münchner Ruinen. Mit einem Bestandsverzeichnis von Volker Duvigneau, hrsg. vom Fotomuseum und der Graphiksammlung im Münchner Stadtmuseum, München 1995. Zur „Gedächtniskritik" allgemein: Johannes Fried, Der Schleier der Erinnerung. Grundzüge einer historischen Memorik, München 2004.

Kunst, Krieg und Zivilcourage

Was der Flügel der Eltern für Oberbürgermeister Christian Ude bedeutet

Der Krieg war schon aus, als ich auf die Welt kam: Jahrgang 1947. Die Stadt war noch vom Krieg gezeichnet, aber wir Nachkriegskinder haben die schreckliche Geschichte der Ruinen nicht ernsthaft begriffen. Ruinen-Grundstücke waren Abenteuerspielplätze, auf denen man noch Wehrmachtshelme und Gasmasken finden und tauschen konnte, die Bockerlbahn fanden wir lustig. US-Soldaten reichten uns Kaugummis aus dem Jeep, wenn wir auf dem Tretroller Kunststückchen vorführten: einfach nur Freunde.

Und auch der Gegenstand, der in der elterlichen Wohnung am meisten vom Krieg erzählte, hatte eine versöhnliche, hoffnungsfrohe Botschaft: der Steinway-Flügel, der Stolz der Familie im Arbeitszimmer des Vaters. Während des Krieges hatten meine Eltern noch auf der anderen Seite der Schwabinger Bauerstraße gewohnt, in einem prächtigen Altbau neben der Kolbgarage, in der französische Fremdarbeiter beschäftigt waren. Als in einer Bombennacht des Jahres 1944 der Blockwart bei nächtlichem Bombenalarm die Fremdarbeiter nicht in den halbleeren Luftschutzkeller hinunterlassen wollte, nahm die Mutter ihr einziges Kind, meine ältere Schwester bei der Hand und ging hinaus auf die Straße. Zurückkehren würde sie nur mit den Franzosen. Der Blockwart hielt den Gedanken, vielleicht bald am Tod eines kleinen blonden deutschen Mädchens schuld zu sein, schlichtweg nicht aus, verlor die Nerven und ließ alle in den Luftschutzraum. Kurz danach wurde der Altbau getroffen, brannte bis auf das zweite Stockwerk herab aus. Die Franzosen stürmten nach der Entwarnung, um sich zu revanchieren, in die elterliche Wohnung im ersten Stock und schleppten den Flügel das Treppenhaus hinunter auf die Straße. Er bekam zwar Kratzer ab, überstand aber die Feuerglut.

Von Nachbarn habe ich diese Geschichte immer wieder gehört. Es muss ein eindrucksvolles Bild gewesen sein, wie die Fremdarbeiter den Flügel auf die Straße trugen, während rechts und links Häuser brannten. Erst bei der intensiven Auseinandersetzung mit der Zeitgeschichte habe ich dann gelernt, dass Zivilcourage keineswegs immer postwendend belohnt wurde und dass die Kunst fast nie die Schrecken des Krieges überstanden hat – aber die Kratzer des Flügels bedeuten mir trotzdem sehr viel, weil sie für die Hoffnung stehen, dass Zivilcourage und Kunst die Grauen der Gewalt überwinden können.

Christian Ude

EDITION PETERS
SCHUBERT
Impromptus
Moments musicaux

Der Horror hat grau-grüne Streifen

Ein KZ-Mantel erinnert Gertrud Feinstein an ihren Mann

Unscheinbar sieht der Mantel aus und hat doch eine verstörende Ausstrahlung. Gertrud Feinstein hat ihn gerade aus einem antiken Schrank geholt, der eine Wand des Zimmers dominiert. Sie hat den Mantel auf einen Stuhl gelegt, neben das Klavier. Schäbig sieht er aus mit seinem grau-grün gestreiften, harten Baumwollstoff, „mehr Papier als irgendwas", sagt Frau Feinstein abschätzig. Dazu das karge Futter, die billigen Blechknöpfe. Dieser dünne Mantel, über Jacke und Hose ohne jede Unterwäsche gezogen, sollte die KZ-Häftlinge durch den Winter bringen. Oder auch nicht. „Das System war ja auf Ausmerzung ausgerichtet", sagt Gertrud Feinstein knapp.

Es geht der 78-Jährigen nahe, diesen Mantel zu sehen, zu berühren, immer noch. Dennoch oder gerade deswegen hat dieser Mantel sie seit 1945 an jeden ihrer Wohnorte bis hin nach Amerika begleitet, als starkes Symbol einer bewegenden Geschichte von Liebe und Zerstörung. Einer ganz persönlichen Geschichte, die jedoch untrennbar mit dem historischen und politischen Hintergrund, mit den verhängnisvollen Ideen und Taten der Nationalsozialisten verbunden ist. Die Frage, warum Gertrud Feinstein den Mantel ihres verstorbenen Mannes aufgehoben hat, ist daher ganz einfach zu beantworten: „Dieser Mantel hat mein ganzes Leben bedeutet", sagt sie schlicht. Die alte Dame mit dem mädchenhaften roten Zopf zittert vor innerer Anspannung so sehr, dass sie die Besucherin bitten muss, den Kaffee einzuschenken. Dann fängt sie an zu erzählen.

Es ist ein Tag Anfang Mai 1945, kurz nach Kriegsende. Der Tag, wie Gertrud Feinstein später in einem Beitrag für die Münchner Geschichtswerkstatt schreiben wird, „an dem ich meine deutsche Unschuld verlor". Sie ist 19 Jahre alt, Tochter eines Bauunternehmers in Neuhausen, hat gerade ihr Notabitur abgelegt und sich an einer Sprachenschule eingeschrieben. An diesem Tag drängt sie sich mit anderen Menschen am Rotkreuzplatz in eine Straßenbahn der Linie 8, die von Schwabing nach Sendling fährt, zwischen Häuserruinen und Schuttbergen hindurch. Gertrud hat eine alte Tasche mit Zigaretten unter dem Arm, die sie gegen Strickwolle eintauschen will. Zwischen all den Menschen, deren Denken nur um Essens-, Kleider- und Wohnungsbeschaffung kreist, sieht sie einen kahl geschorenen Mann in Fliegeruniform sitzen – lesend. „Gott im Himmel", sagt sie sich, „gibt es heutzutage noch einen Menschen, der an etwas anderes denken kann als an Essen?"

Der Mann, den sie für einen heimgekehrten Soldaten hält, bietet ihr den Platz neben sich an. Wohlerzogen lehnt sie zunächst ab – bis sie den Vertrauen erweckenden Titel des Buches erkennt: „Der grüne Heinrich" von Gottfried Keller. Die beiden kommen ins Gespräch, steigen an derselben Station aus. Plötzlich fragt der Mann das Mädchen: „Wissen Sie, wie ein Jude aussieht?" Nein, sagt das Mädchen. „Ich bin ein Jude", sagt der Mann, „schauen Sie mich nur genau an." Und dann erzählt Jakob Ben-Zion Feinstein von seiner Odyssee durch die osteuropäischen Konzentrationslager bis ins Außenlager des KZ Dachau in Utting, wo er eine Woche zuvor von US-Truppen befreit worden ist.

Für Gertrud bricht eine Welt zusammen. „Ich hatte keine Ahnung davon gehabt", sagt sie. Mit kleinen Ausnahmen: So war einige Jahre zuvor die Spielkameradin der kleinen Schwester auf einmal verschwunden. Die Familie sei weggezogen, erklärte der Vater. „Wir haben nicht nachgefragt, das gehörte sich nicht." An jenem Tag im Mai 1945 jedoch fängt sie an zu fragen. Sie besucht den mehr als 20 Jahre älteren Juden in der Flakkaserne im Norden Münchens, wo Tausende Überlebende aus süddeutschen Konzentrationslagern untergebracht sind. Sie sieht zum ersten Mal den Mantel, damals noch mit der Häftlingsnummer im gelben Dreieck gekennzeichnet. Und sie lernt zwei Kusinen von Jakob Feinstein kennen; die einzigen Menschen seiner Familie, die am Leben geblieben sind.

Denn Jakob Feinstein, 1905 im litauischen Polangen in die Familie eines Bernsteinfabrikanten hineingeboren, ist wie die meisten europäischen Juden durch die Hölle gegangen. Zunächst war er mit seiner Familie ins Ghetto von Schaulen gepfercht worden. Am 10. September 1941, während er mit den anderen Männern bei der Arbeit ist, werden alle Frauen, Kinder und

Alten zusammengetrieben und in einem nahen Wald erschossen. Als Feinstein abends nach Hause kommt, sind seine Frau und seine zwei Töchter tot. Er selbst kommt ins KZ Stutthof und wird später nach Bayern deportiert.

Als Jakob Feinstein im Mai 1945 seine Freiheit wiedergewinnt, will er noch einmal von vorn anfangen. Er beginnt in München ein zweites Leben – ausgerechnet mit einer katholischen Deutschen! Die Verwandten sind entsetzt, doch der 40-Jährige will sich und der Welt beweisen, dass Versöhnung möglich ist. „Er wollte nur den Einzelnen verdammen, kein Volk“, sagt seine Witwe. „Er hat darum gekämpft und gepredigt!“

Die Hochzeit von Jakob und Gertrud Feinstein 1951 könnte also ein Happy-End sein. Doch anders als im Film ist ein Leben nicht mit dem Abspann vorbei. Denn auch wenn Jakob Feinstein den Holocaust überlebt hat, seine Erlebnisse haben ihn für immer geprägt – und zerstört. „Ich habe als junger Mensch nicht verstanden“, sagt seine Frau, „dass ein Mensch nicht nur körperlich zugrunde gerichtet wird, sondern auch seelisch.“ Doch ihr Mann, mit dem sie in Amerika mühsam eine neue Existenz aufbaut, leidet nicht nur immer stärker an den körperlichen Folgen von Unterernährung und Zwangsarbeit. Auch die seelischen Verletzungen brechen wieder auf – und die Wahnvorstellungen, Depressionen und Aggressionen wenden sich gegen seine Frau. „Ich stand stellvertretend für das deutsche Mördervolk“, sagt sie leise. „Er wollte mir sogar unseren Sohn wegnehmen, weil ich keine richtige jüdische Mutter war. Es war ein Horror.“

Warum sie ihren Mann damals nicht verlassen hat? Gertrud Feinstein zeigt schweigend auf den Mantel, den sie inzwischen an den Schrank gehängt hat. „Ich hätte keine friedliche Minute mehr gehabt. Ich wäre dann auch genau so eine Deutsche gewesen, die ihm zum zweiten Mal ein Kind wegnimmt.“

Und so ist sie bei ihm geblieben. In den Siebzigern sind sie nach München zurückgekehrt, wo er 1986 gestorben ist. Bereut hat sie ihre Entscheidung nie. „Auch wenn ich ein anderes, lustigeres Leben hätte führen können, würde ich wieder genau dieses wählen“, sagt sie. „Ich bin bis heute froh, dass ich auf die andere Seite geraten bin, auf die Seite der Opfer.“ Gertrud Feinstein selbst will Zeugnis ablegen, ohne zu missionieren. Viel muss sie ohnehin nicht sagen: Der Mantel, der am Schrank hängt, spricht für sich. Die Sprache des Schreckens. *Antje Weber*

Verse gegen die Barbarei

Ein handgeschriebener Gedichtband diente Marianne Riegler als geistiger Zufluchtsort

Auf dem Tisch liegt ein Block. Ein alter Block aus braunem, unansehnlichem Papier. Die Kanten sind abgestoßen und eingerissen. Mit Klebestreifen hat Marianne Riegler die einzelnen Blätter notdürftig geflickt, wieder in den Block geklebt. Vor 60 Jahren, im Oktober 1944, hat die damals 19-Jährige angefangen, diesen Block mit Gedichten zu füllen (bis August 1947). „Wie ein Tagebuch", erinnert sich Professor Marianne Riegler heute, habe sie diesen Block gehütet. Sie habe diesen Block geheim gehalten, auch vor ihren engsten Freundinnen, und ihn überall mit hingenommen.

„Warum ich die Gedichte aufgeschrieben und mit mir rumgetragen habe?", überlegt sie laut. „Ich glaube, weil diese Gedichte Objekte von Ästhetik und Schönheit sind, die trotz der totalen Destruktion, die uns damals alle umgab, nicht zu zerstören waren."

Im Februar 1943 hat Marianne Riegler München verlassen und ist nach Augsburg gegangen. Grund waren die verstärkten Luftangriffe der britischen Royal Air Force auch auf München, die sich seit September 1942 fast kontinuierlich steigerten. So wurden im Oktober 1943 mehr als 1000 Tonnen an Bomben über München abgeworfen. „Es war eine Zeit der totalen Destruktion", wiederholt Riegler. „Sie müssen sich vorstellen, dass man es sich nicht vorstellen kann", sagt sie. „Wissen Sie", erzählt Riegler, „als Liebesbeweis haben uns die jungen Männer damals einen Walzer komponiert." Männer, die manchmal wenige Tage später in den Krieg zogen und von denen man Wochen später nur noch eine Todesanzeige lesen konnte.

Zu dieser Zeit, erinnert sich Riegler, hätten sich ihre Freunde und sie immer mit dem gleichen Satz verabschiedet: „Bis morgen – oder auch nicht." Ein Satz, der überhaupt nicht zynisch gemeint gewesen sei. „Wir haben das ganz gelassen gesagt", so Riegler. Der Tod sei in diesen Jahren „etwas ganz Gewöhnliches" gewesen. Der Mensch sei schließlich ein Gewohnheitstier. Man könne sich gegen die tägliche Bedrohung, die ständige Angst wehren – und verrückt werden. Oder man akzeptiert sie und versucht damit zu leben. Und sich eine Insel der Schönheit zu suchen. Für Riegler war diese Insel der Schönheit der braune Schreibblock. Eine Art Arkadien, ein Zufluchtsort, ein Ort der Rettung. „Diese Gedichte waren etwas, woran ich mich festhalten konnte", sagt Marianne Riegler.

Auch das etwas, was man als Außenstehender nur schwer verstehen kann, glaubt sie. Dass ein zerfledderter Block eine enorme Bedeutung für einen Menschen bekommen kann. „Je länger ich darüber nachdenke", so Riegler weiter, „desto klarer wird es mir: Die Gedichte in diesem Block waren etwas, das nur mir gehört hat. Etwas, das mir niemand wegnehmen konnte, das niemand zerstören konnte." Sagt sie, und setzt nach einer kurzen Pause ganz nüchtern hinzu: „Außer ich selbst wäre auch zerstört, wäre getötet worden."

Als eine Art Zufluchtsort hat ihr aber nicht nur der Block mit den Gedichten gedient. Auch die Universität war so eine Art Kontrapunkt zur alltäglichen Zerstörung – die weit über das Kriegsende am 8. Mai 1945 hinaus Realität blieb. „Für mich war der Krieg erst aus, als ich wieder in München studieren konnte", sagt Marianne Riegler. Und das war im Frühjahr 1946. Die Universität bedeutete für Riegler, dass es wieder ein Ziel gab. „Wir Studenten hatten damals alle die ungeheure Sicherheit, dass wir gebraucht werden – egal, was wir studieren. Dass jedes Studium etwas Sinnvolles und etwas Wichtiges ist." Sie selbst hat Geschichte studiert und später an der Ludwig-Maximilians-Universität in München eine akademische Karriere gemacht.

Der Block mit den Gedichten hat sie in all den Jahren begleitet – auch wenn sie ihren letzten Eintrag im August 1947 gemacht hat. „Ich wusste immer, dass ich ihn habe", sagt Marianne Riegler. Und doch sah sie in den vergangenen 57 Jahren keinen Grund mehr,

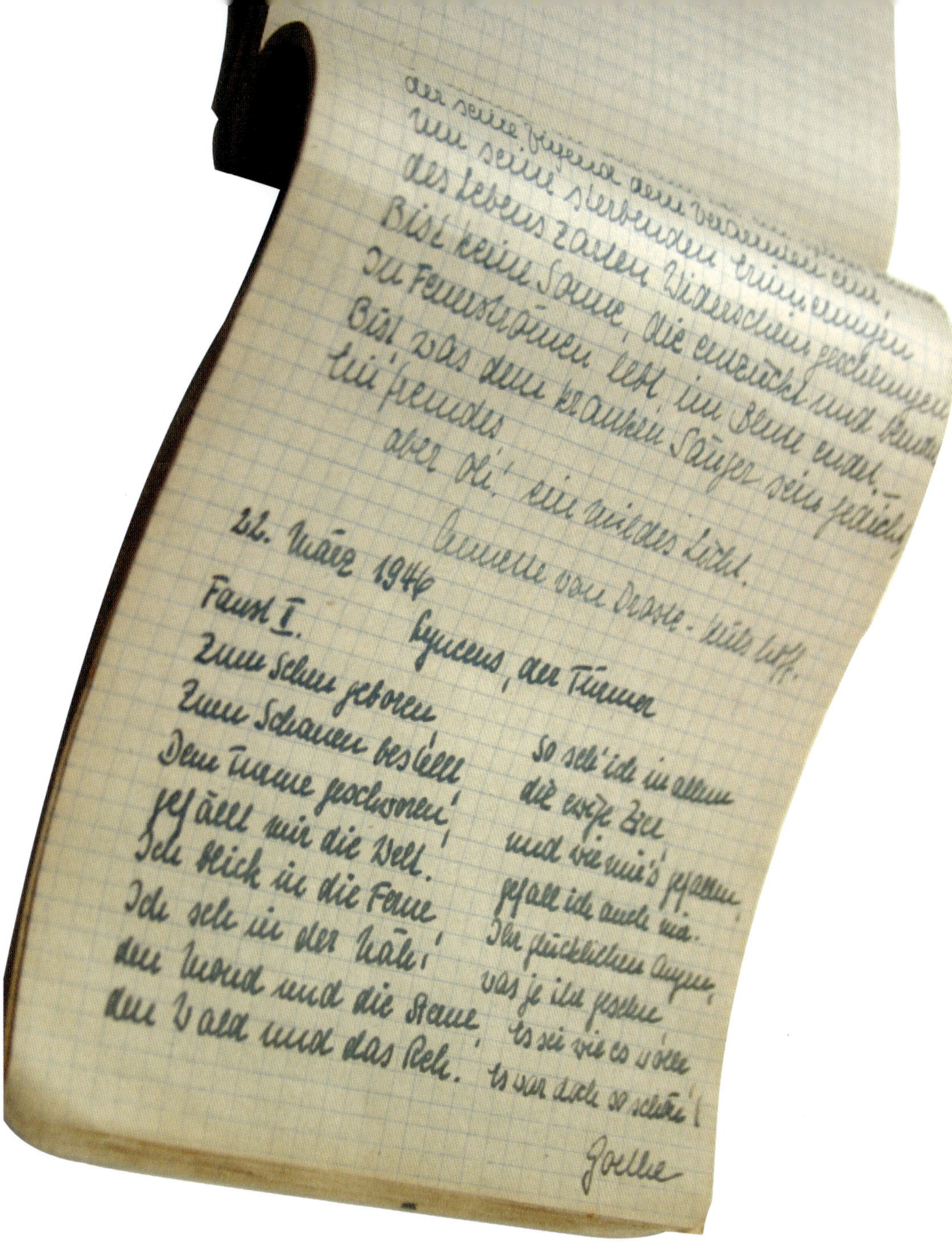

ihr lyrisches Tagebuch weiterzuführen. Warum? Die Antwort mag einem der letzte Eintrag von Riegler geben. Hier zitiert sie einen Satz aus Goethes „Faust“ – als dieser über die Schönheit des Augenblicks sinniert: „Verweile doch, du bist so schön!“ Und dann eben doch nicht vom Teufel mit der Verdammnis geschlagen wird, sondern göttliche Erlösung findet.

Und eine Art von Erlösung hat damals vielleicht auch Riegler gefunden: von der Last der allgegenwärtigen Zerstörung, die langsam einem Neuanfang wich. Oder, wie es in „Faust II“ heißt: „Wer immer strebend sich bemüht, den können wir erlösen.“

Andreas Bock

Einsamer Wächter über dem Inferno

Der Schrank des Turmbeobachters im Neuen Rathaus erzählt von 73 Bombenangriffen

Die Vorstellung ist gruselig: Wie da einer im Winter 1944 auf dem zugigen Rathausturm hockt, während rings um ihn die Fliegerbomben in eine schon weitgehend zerstörte Stadt einschlagen. Er muss selbst recht gespenstisch ausgesehen haben, mit dem dicken Umhang aus Schaffell und den klobigen, geflochtenen Überschuhen aus Bast – wie ein mittelalterlicher Perchtenläufer eher denn wie eine Amtsperson. Um eine solche aber handelte es sich, denn der amtliche Turmbeobachter hatte die Aufgabe, penibel zu registrieren, wo welche Bomben in der Stadt eingeschlagen hatten und welche Flakstellung auf die Angriffe reagiert hatte, sofern sie das noch konnte. Dafür gab es, deutsche Gründlichkeit auch hier, hektographierte Formblätter, in denen die Angriffe einzutragen und zu klassifizieren waren. Wozu diese Aufzeichnungen dienten, ist nicht ganz klar; vermutlich erhoffte sich die Wehrmacht von der Auswertung Rückschlüsse auf die Strategie des Feindes. Die Hauptaufgabe des Turmbeobachters aber bestand darin, Bombentreffer mit einem Feldtelefon an die Einsatzzentrale zu melden, damit Feuerwehr und Sanitäter wussten, wohin sie ausrücken sollten.

Insgesamt 73 Luftangriffe gab es auf München zwischen dem 10. März 1940 und dem 29. April 1945, und in den letzten Kriegsjahren ertönte fast täglich mindestens einmal das nervenaufreibende Jaulen der Luftschutzsirenen. Sobald der Alarm losheulte, hatten die Turmbeobachter, die es an den meisten Kirchen und öffentlichen Hochbauten gab, ihren einsamen Wachtposten einzunehmen.

Hans Krahmer hieß der Mann auf dem Turm des Neuen Rathauses. Er war noch jung, gerade mal 22 Jahre alt bei Ende des Krieges. Er hatte sich schon 1943 freiwillig für diese Aufgabe gemeldet. Seine Eltern hatten im vierten Stock des Rathauses eine Dienstwohnung, er selbst war im Stadtarchiv angestellt. Die ersten Bombenangriffe hat er noch im Keller des Rathauses miterlebt, erzählt er später: „Durch das ständige Herabrieseln des Putzes im Keller habe ich irgendwie ein mulmiges Gefühl bekommen und mir gesagt: ‚Da gehst du lieber auf den Rathausturm.'"

Da saß er fortan, sobald die Sirenen aufheulten, und sah von oben München brennen. Griff zu seinem Telefon mit Handkurbel, um den Oberbürgermeister, der im Befehlsbunker unter dem Rathausturm saß, zu informieren, wo die Bomben eingeschlagen hatten. „Ich sah hinüber zum Alten Peter", wird er später berichten, „und merkte, dass oben die Haube brannte und plötzlich – mit einem fürchterlichen Krach zu Boden stürzte und am Rindermarkt zerschellte." Er saß auf seinem Posten, als 300 Stabbrandbomben auf das Dach des Neuen Rathauses fielen und danach auch die Dienstwohnung der Eltern völlig ausbrannte. Und er verließ ihn wieder, sobald die Angriffe vorbei waren, um hinunterzugehen in ein brennendes Inferno. Einmal, erinnert er sich, rannte er über den Viktualienmarkt, um Hilfe zu holen: „Ich dachte, die Welt geht unter." Seine Mutter verarztete währenddessen fünf Frauen, die man schwerverletzt auf dem Marienplatz gefunden hatte.

Ganz offensichtlich hatte Hans Krahmer nach seinem letzten Einsatz entschieden keine Lust mehr, noch einmal an seinen alten Einsatzort zurückzukehren. Denn der unscheinbare Büroschrank, in dem seine Dienstutensilien gelagert sind, steht noch heute so in einem Zwischengeschoss des Rathausturmes, als wäre er erst gestern zum letzten Mal geöffnet worden – nun gut, ein wenig Staub hat sich angesammelt, aber ansonsten blieb er seit 1945 unverändert. Die Meldeformulare findet man da drinnen, einfache Geräte zur Bestimmung der Himmelsrichtung, einen ziemlich verrotteten Umhang aus

Schaffell, die zwei monströsen Überschuhe und zwei leere Schnapsflaschen. „Deutscher Weinbrand“ – deutscher, versteht sich von selbst –, das steht in Frakturschrift auf dem Etikett, und der Name des Herstellers, der Schnaps-Brennerei Hans Moser, ansässig in München-Pasing.

Seither steht der alte Schrank in einem Zwischengeschoss des Rathausturms. Dort, wo die Uhr für das Glockenspiel und die schreibtischgroße Walze für die Musik untergebracht sind. Lange Zeit scheint niemandem der Schrank besonders aufgefallen zu sein. 1997 jedoch war im Zuge der immer mal wieder anstehenden Renovierungsarbeiten, mit denen das Neue Rathaus in Schuss gehalten wird, auch das Zwischengeschoss des Turmes an der Reihe. Und dabei fiel Peter Suermann, der damals gerade seit einem Jahr neuer Leiter der Hausverwaltung im Rathaus war, auch der Schrank auf. Niemand im Haus hatte eine Ahnung, wofür das Möbel gut war, und so ließ Suermann es öffnen. Dass der Inhalt aus der Zeit des Dritten Reichs stammte, war schnell klar. Nicht nur, weil sich auch ein leerer Briefumschlag, adressiert an den damaligen Nazi-Oberbürgermeister „Karl Fiehler, Hauptstadt der Bewegung“, darin fand. Sondern auch wegen der vergilbten Formulare mit den Spalten „Wetter“, „Angriff“ und „Abwehr“. Was genau Hans Krahmer, der einsame Mann auf dem Turm, damit machte, lässt sich heute nicht mehr sagen: Krahmer ist 1990 gestorben.

Aber der Schrank nebst Inhalt im Rathausturm ist für sich schon unheimlich genug. Unwillkürlich stellt man sich vor, wie die großen Bomberflotten, die bis zu 1000 Flugzeuge umfassten, über der Stadt auftauchten. Wie nachts der Himmel über der verdunkelten Stadt erst von Leuchtbomben, vom Volksmund „Christbäume“ genannt, erhellt wurde, um den nachfolgenden Bombern die Ziele zu markieren. Und wie dann Tausende von zum Teil zentnerschweren Spreng-, Brand-, Minen- und Splitterbomben auf die Stadt herniederregneten.

Nein, vorstellen kann man es sich eigentlich nicht. Genauso wenig wie die Münchner es sich damals vorstellen konnten, bis sie es dann tatsächlich erlebten – und das, obwohl die Nazis die Bevölkerung schon sehr früh auf den Luftkrieg eingestimmt hatten. Freilich, von den Opfern war dabei nie wirklich die Rede gewesen. In München bedeutete das: offiziell 6632 Tote, gut 16000 Verletzte und mehr als 300000 Obdachlose.

Rund um den Marienplatz gab es übrigens im Mai 1945 kein einziges unzerstörtes Gebäude mehr. Nur das Neue Rathaus war im Großen und Ganzen unbeschädigt geblieben. Da hatte der Mann im Turm wirklich Glück gehabt.

Franz Kotteder

Die kurzen Jahre des Aufbruchs

Adalbert Antoni und seine künstlerische Verarbeitung der NS-Zeit

Eigentlich wäre er gerne Künstler geworden – Maler. Aber die Zeit war gegen ihn. Erst die beengten familiären Verhältnisse: Der Vater stirbt 1914. Die Mutter muss alleine zwei Kinder durchbringen. Adalbert Antoni, beim Tod des Vaters gerade einmal vier Jahre alt, erlernt nach dem Schulabgang das Handwerk eines Ziseleurs und – was seine weitere Zukunft maßgeblich bestimmen wird – gerät in linke Kreise. Gewerkschaftsjugend, kommunistische Umtriebigkeiten, am Ende dann Mitgliedschaft bei den Sozialisten in der SAP. Und weil man schließlich für seine Überzeugungen auch einsteht, bleiben Konfrontationen mit dem politischen Gegner nicht aus: Demonstrationen, Flagge zeigen, Prügeleien. Nur, der politische Gegner behält die Oberhand, und so ist Adalbert Antoni 1933 einer der ersten, die von München aus nach Dachau abtransportiert werden, um dort im Konzentrationslager den Geist der neuen Zeit eingetrimmt zu bekommen. 1934 wird er entlassen, bleibt aber unter Beobachtung durch die Gestapo.

„Ein Gutes hatte die Sache immerhin", sagt der Sohn Ernst Antonis heute über das Schicksal seines 1991 verstorbenen Vaters, „als politisch unzuverlässig und damit ‚wehrunwürdig' eingestuft, wurde ihm der Fronteinsatz erspart." Allerdings um den Preis der Zwangsverpflichtung an der Drehbank bei Krauss-Maffei und anderen kriegswichtigen Industriebetrieben. Irgendwann in jenen bitteren Jahren scheint der politische Dissident für sich gleichwohl ein spezielles Überlebensmittel entdeckt zu haben: Er begann zu zeichnen, und sowie der Krieg aus war und Leinwand und Farben wieder greifbar wurden, auch zu malen. Mehr als 100 Bilder und unzählige Papierarbeiten hat der Vater bei seinem Tod hinterlassen. Die eindringlichsten, wie könnte es anders sein, entstanden gleich nach 1945 und reflektieren noch unmittelbar das Erlebte. In einer Trümmerlandschaft findet sich verloren eine kleine Familie zusammen. Der Mann, das Gesicht dem Betrachter zugewandt, baut sich teilnahmslos vor seiner kauernden Frau auf. Zwischen beiden steht verloren ein kleines Kind. Mit der mahnenden Frage versehen: „Soll es wieder so kommen?" hing dieses Bild 1951 bei der zweiten Ausstellung der so genannten „Künstlergruppe Pavillon" im heutigen Kunstpavillon im Alten Botanischen Garten. Kaum mehr vorstellbar, welche Hoffnungen sich seinerzeit mit diesem ausgebombten und mühsam in Eigeninitiative renovierten Gebäude verbanden. Schon bald nach Kriegsende war das der erste Ort, an dem in München wieder kreatives Leben einzog. Eine kleine Gruppe von Künstlern und Journalisten, darunter Antoni, hatte sich 1948 zusammengetan, um hier eine „Gewerkschaft der geistig und kulturell Schaffenden" ins Leben zu rufen. Mit „Ausstellungen der Ungemütlichen" wollte man verhindern, dass die Zeitgenossen zur Tagesordnung zurückkehrten. „Hier", so hieß es in einem der flammenden Pamphlete, „gibt es keine unverbindliche und harmlos fabulierende Sammlung von Werken bildender Kunst, sondern eine Auseinandersetzung mit den wichtigen Fragen der Zeit. Geben wir hier noch jenen Stimmen der Humanität Raum, die seit der Bewusstwerdung des Kampfes und Krieges dem ewigen Anliegen des besseren Menschentums ihre endgültige Aussage angedeihen lassen."

Hehre Ziele, pathetisch formuliert. Mag sein, dass die künstlerische Qualität auf Dauer nicht ausreichte, um den großen Ansprüchen Geltung zu verschaffen. Tatsache jedenfalls ist, dass der Pavillon im Alten Botanischen Garten nach den anfänglichen Aktivitäten nie mehr als ein Schattendasein in der Münchner Ausstellungsszenerie fristete. Tatsache ist auch, dass Adalbert Antoni irgendwann Anfang der fünfziger Jahre eine gesicherte Stellung als Beamter im Münchner Wohnungsamt annahm und sich fortan in der Freizeit vorwiegend der Landschaftsmalerei widmete.

Der Sohn erzählt, dass er nach dem Tod des Vaters düstere Bilder auf dem Dachboden fand, die Geschichten erzählten, von denen im Kreis der Familie nur selten gesprochen worden war, obwohl zwei Brüder der Mutter ebenfalls in Lagern eingesessen hatten und in Strafbataillone gesteckt worden waren. „Der Vater und die Onkels", so Antoni, „haben später nie im Detail von diesen Erlebnissen erzählt. Nur die wenigen Bilder sind geblieben."

Christoph Wiedemann

Löwenzahn in Trümmerlandschaft

Ein Kräuterbuch wurde für Barbara Waubke zum Symbol des Überlebens

Das Büchlein an sich ist nichts Außergewöhnliches. Ein bisschen zerfleddert, mit bunten Zeichnungen heimischer Kräuter und Heilpflanzen geschmückt, für die Hausfrau zum täglichen Gebrauch gedacht. Bei jedem Kauf einer Packung Feigenkaffee gab es ein neues Einlegeblatt, weiß-blaue Bänder hielten das Buch zusammen. Barbara Waubke hat es nicht wegen seines praktischen Nutzens aufbewahrt. Auch nicht, weil es sie an den Hunger in der Kriegs- und Nachkriegszeit erinnerte, als man in den Isarauen und im Englischen Garten nach Küchenzutaten suchte – Brunnenkresse, Löwenzahn, Huflattich. Nein, für Barbara Waubke symbolisiert das Fundstück den Schrecken des Krieges, der an einem schönen Junimorgen 1944 mit voller Wucht ihr Elternhaus erreichte.

Das Mädchen war auf dem Nachhauseweg von der Angerschule in der Blumenstraße zu Fuß nach Freimann, als es an der Münchner Freiheit eine Nachbarin rufen hörte: „Freimann hat es getroffen!" Voller Angst lief Barbara weiter, bis sie an der Ecke Leinthalerstraße ihre Mutter mit der Klavierlehrerin stehen sah. Auch der Vater hatte sich diesmal überreden lassen, in den Keller zu gehen. Aufatmen! Doch das Haus nebenan war völlig zerstört. Die 13-Jährige half den Nachbarn, in der Ruine nach deren Habseligkeiten zu suchen und zog plötzlich ein Strumpfband aus den Trümmern. „Schau mal!", konnte sie noch sagen, da schlug ihr die Mutter das Teil blitzschnell aus der Hand. Barbara begriff nicht, warum sie so aufgebracht war, und freute sich, von der Nachbarin das unversehrte Kräuterbüchlein geschenkt zu bekommen. Erst ein halbes Jahrhundert später erklärte sich die Reaktion der Mutter durch ein zufälliges Gespräch unter Nachbarn: In dem Haus waren zwei Menschen ums Leben gekommen. An dem Strumpfband hing ein Hautfetzen. Kinderaugen nehmen den Schrecken, „Gott sei Dank", nicht immer ganz wahr.

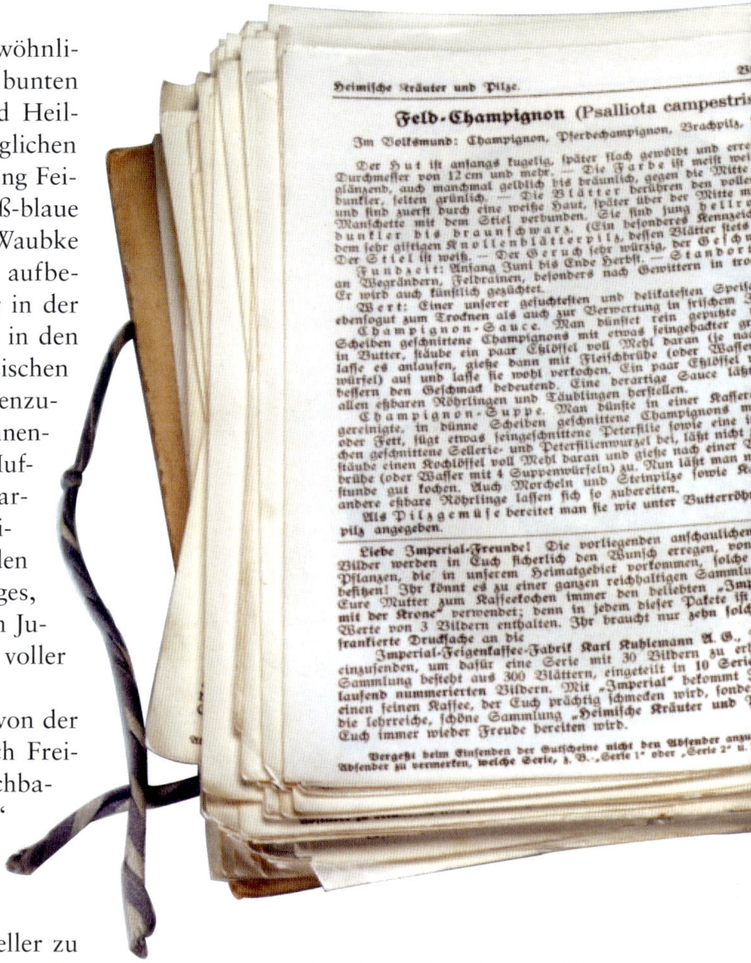

Kurze Zeit später erkrankte die Mutter an einem Tumor. Der Vater, eingefleischter Nazi-Gegner, hatte sich schon seit langem im Haus verbarrikadiert. Auf der 13-Jährigen lastete die volle Verantwortung für ihre Familie. Da blieb keine Zeit für Traurigkeit. Erfindungsgabe war gefragt, und die hat das zarte Mädchen in die Wiege gelegt bekommen. Barbara fuhr mit dem Fahrrad durch die Dörfer, sammelte Milch für die Mutter, kochte, wusch und putzte, hörte sich – mangels anderer Zuhörer – nächtelange Vorträge des Vaters über den Nazi-Wahn an. Der weitsichtige Kunsthändler hatte seinen Laden an bester Adresse in der Ottostraße schon 1931 geschlossen und einen Zehn-Jahres-Sparplan für die Familie erstellt: „Länger macht der Hitler das nicht!" Beinahe hätte es

ja gereicht. Doch gegen Kriegsende kehrte auch in die gutbürgerliche Familie die Not ein. Der Vater war ein Gesundheitsapostel, aß nur noch Kartoffeln und Sauerkraut, hatte Angst vor Abhörwanzen im Haus, dozierte dennoch stundenlang. Im Wechsel mit wochenlangem Schweigen. Eine angstvolle Lähmung lag über dem Haus.

Als im Mai 1945 die Befreier kamen, hatte sich der Vater wieder einmal in der Küche verschanzt. „Papa, komm raus, die Amerikaner sind da. Du kannst Englisch, sprich mit ihnen!“, bettelten Mutter und Tochter. Dann öffnete sich die Tür: „Ich bin ein freier Friese!“, verkündete er – und verschwand wenige Tage später. Sechs Wochen lang kein Lebenszeichen. Bis die Nachricht kam, er sei in der Nervenheilanstalt. Barbara, mit ihren 13 Jahren, setzte sich Mutters besten Hut auf und fuhr nach Haar. Doch da war der Vater schon getürmt und selbst nach Hause gekommen. Acht Tage später starb die Mutter. Barbara Waubke erzählt das nicht zum ersten Mal. Dennoch stockt ihre Stimme, wenn sie an diese Monate denkt. Noch heute mischen sich Trauer und der Drang, zu überleben, in den Erinnerungen. Den ersten Winter nach Kriegsende empfindet sie als den schlimmsten ihres Lebens. Doch Vater und Tochter kommen sich näher. Und siehe da, der Mann, der im Krieg so verbittert und fanatisch war, kann sich ändern. Er passt sich seiner Tochter an.

Barbara Waubke geht die Treppe ihres Elternhauses hoch. Heute wohnt sie allein darin. Überall Erinnerungen: das Klavier, auf dem der Vater in guten Stunden fröhliche Lieder spielte und sang, ein Plakat an der Wand von seinem Kunsthandel, Bücher, Bilder, Geschirr. „Ich will mich nicht zu tief einlassen“, sagt die zierliche Frau, so als müsse sie sich selbst vor der Vergangenheit schützen. Die Mutter von fünf Kindern hat schon viele Neuanfänge, privat und beruflich, gemeistert. Ihre angeborene Neugier brachte sie zum Journalistenberuf, jahrelang schrieb sie für die *Süddeutsche Zeitung*. Sie reiste mehrmals nach New York, wo sich der kunstinteressierten Frau eine neue Welt öffnete – und sie wieder auf die Vergangenheit traf. Denn – Zufall oder Bestimmung? – sie lernte viele jüdische Menschen kennen. Als auf einer Parkbank nahe des Jüdischen Museums eine Frau sie ansprach, antwortete sie in ihrer spontan-pragmatischen Art: „Sie brauchen keine Angst haben, weil ich Deutsche bin. Mein Vater war Kunsthändler und hat Hitler einen Tisch nicht verkauft.“ Das war in den zwanziger Jahren, als der Parteiführer einmal im Laden ihres Vaters stand und Interesse an einem Mahagonimöbel zeigte.

Unter dem Dach des Hauses hat sie ihren Arbeitsplatz und ein Archiv, in dem sie Zeitungsausschnitte, Briefe, Protestschreiben sammelt. Wenn sie aufzählt, wo sie sich überall engagiert, blitzen ihre Augen voll jugendlichem Elan. Die Geschichte des Vaters vor Augen, will sie sich „von jedem Fanatismus fernhalten“. Und nimmt doch immer wieder seine Spuren auf.

Jedesmal, wenn Barbara Waubke das Kräuterbuch zur Hand nimmt, tauchen beim Blättern zwischen Ahorn und Zichorie neue Geschichten auf. Dass gewisse Traumata aber für immer bleiben, wurde ihr bewusst, als sie im Buch des Stadtarchivars Richard Bauer über Freimann eine Fotografie sah: Sie hat darauf ihr Elternhaus nicht erkannt, nur die Ruine des Nachbarhauses, aus der sie das Strumpfband und das Kräuterbuch zog.

Martina Scherf

Die Geschichte vom guten Ende

Wie Ali Mitgutsch mit einem Hammer gegen Kälte und Hunger anklopfte

Jede Geschichte hat einen Anfang und ein Ende. Aber manchmal kann man Geschichten auch beeinflussen, dann gehen sie ganz anders aus. Das lernte Ali Mitgutsch als Junge im Alter von zehn Jahren kurz nach dem Ende des Zweiten Weltkriegs. Als alles kaputt war, suchte seine Mutter Trost im Glauben. Sie nahm Ali mit auf Wallfahrten. Das waren lange Fußmärsche zu Kirchen, in denen Paula Mitgutsch für ihre siebenköpfige Familie betete, für den gefallenen Sohn, den vermissten Schwager. Aber Ali hatte keine Lust auf die Wanderungen. Die Mutter musste ihn mit dem Versprechen locken, unterwegs etwas Spannendes zu erzählen. Dafür hatte sie eine besondere Begabung. Heute noch, im Alter von 70 Jahren, schwärmt Ali Mitgutsch von ihrer Fähigkeit, die detailreichsten Szenen ungeheuer bildhaft und in epischer Breite auszumalen – Szenen aus dem Leben und Sterben Heiliger, deren Schicksal es eigentlich war, am Ende gekreuzigt, gesteinigt oder verbrannt zu werden. Aber die weichherzige Mutter ließ sich von ihrem Sohn stets überreden, die Geschichten spontan neu zu erfinden, sie gut und fröhlich ausgehen zu lassen. Da lernte Ali Mitgutsch, dass man Einfluss nehmen kann auf den Verlauf der Dinge. Das gab ihm Hoffnung. Und dann war da noch die Sache mit dem Hammer.

Ein einfacher Maurerhammer mit Holzstiel, etwa 25 Zentimeter lang, und wackelig darauf sitzendem Kopf – Ali Mitgutsch erhielt ihn aus der schwieligen Hand seines Vaters Ludwig, so feierlich, als handele es sich um ein Zepter. „Ich musste tausend Eide schwören, gut darauf aufzupassen", sagt Ali Mitgutsch, „der Verlust wäre ein furchtbares Unglück gewesen." Derart wertvoll war das primitive Werkzeug, dessen Metallteil damals noch eine knappe Fingerspanne länger war als heute. Das nicht mehr vorhandene Stück Hammer, das zwischen 1946 und 1948 bei der Arbeit abgenutzt wurde, erzählt die eigentliche Geschichte: eine Geschichte von Hunger, von Kälte und vom Überleben in den Trümmern.

Die Mitgutschs hatten das Kriegsende in Prem bei Füssen abgewartet. Wie 400 000 andere Menschen in den letzten drei Kriegsjahren hatten sie ihre Wohnung bei den Evakuierungen Münchens verloren. Erst 1949 konnte die Familie zurück in die Schraudolphstraße 26, dritter Stock. Das Haus war zum Teil ausgebrannt, das Dach kaputt, die Böden eingebrochen. Aber immerhin war es bewohnbar, während von anderen Gebäuden der Straße nur noch Ruinen standen und die benachbarte Schnorrstraße ausradiert worden war. Insgesamt war gut die Hälfte der Münchner Bausubstanz – die Hälfte der Wohnungen – zerstört. Fünf Millionen Kubikmeter Schutt lagen herum. Laut Wiederaufbaureferat hätte die Geröllmenge zum Bau zweier 150 Meter hoher Hügel von den Umfängen der Cheopspyramide gereicht.

Ludwig Mitgutsch – der mit einer durchschossenen Hand aus dem Ersten Weltkrieg gekommen war und deshalb im Zweiten nicht kämpfen musste – arbeitete tagsüber im Fahrplanbüro der Reichsbahn. Abends schaufelte er Schutt. Er half dem Bäckermeister Kronawitter, damit dieser wieder in seine Backstube kam, die in einem Keller lag. Die Trümmer waren durchsetzt mit Rohren und Holzteilen. Sie wegzuräumen – eine schwierige, langwierige Arbeit. Ali Mitgutsch erinnert sich an die Schaufel seines Vaters: „Sie war bald ausgefranst wie die Dolomiten." Der Hammer diente Ludwig Mitgutsch zum Dengeln. Außerdem klopfte Ali damit den Mörtel von Ziegelsteinen, Freund Paule half ihm dabei. „Das war unser Hauptspaß", erzählt Ali Mitgutsch, wobei er das relativiert: „Fröhlich waren wir nicht." Etwas anderes als Schutt gab es kaum für Ali und Paule. Sie bauten sich Lager darin, spielten mit Munition – und nahmen mit, was ihnen brauchbar erschien. „Wir hatten kein Gespür dafür, dass die Dinge in den Trümmern einmal jemandem gehört hatten", sagt Mitgutsch, „es war eine wilde Zeit." Einmal stiegen sie sogar in den furchtbaren Keller des Gestapo-Gebäudes in der Brienner Straße,

drei Stockwerke tief. Alles war leer, aber hinter einer Tür fanden sie eine Truhe voller Mutterkreuz-Orden, die sie bei den Amerikanern gegen Schokolade tauschten. Der Vater war strikt gegen den Schwarzhandel. Aus moralischen Gründen lehnte er es ab, in die Möhlstraße zu gehen, zum Hauptumschlagplatz für Waren aller Art. Stattdessen zog er Gemüse auf einem Gartengrundstück, alles andere erarbeitete er sich hart.

Ludwig Mitgutsch bekam pro Abend Schutt schaufeln zwei Reichsmark vom Bäckermeister und – was viel wichtiger war, weil man sowieso nichts kaufen konnte – einen zwei Pfund schweren Laib Brot, das „Strohbrot", in dem Gras, Kartoffelschalen und Baumrinde verbacken waren. Frisch schmeckte es pappig, nach einem Tag war es wie Heu. Aber dadurch überlebte die Familie. Dazu gab es graue Molkewurst, ein Abfallprodukt aus der Käseherstellung, und – „das Schlimmste", sagt Mitgutsch – Lebertran als einzige Form von Fett, jedoch nur auf ärztliche Verschreibung. Für einen Bezugsschein erhielten die Münchner 1947 nur 302 Gramm Brot. Unterernährung war die Folge der Hungerrationen, die zu wütenden Protesten und Überfällen auf Verteilungsstellen führten. „Zwei Erinnerungen an damals sind ganz stark", sagt Mitgutsch, „immer hungern, immer frieren." Im Winter vereisten die Wohnungen. Statt Glas waren Pappkartons in den Fenstern, mit einem Loch für das Rohr der Feuerstelle. Finster und stickig war es in den Räumen. Zum Lüften musste man mit einem glühenden Schürhaken den dicken Frostpelz der Fensterrahmen abtauen. Wenn er auf Wallfahrt mit seiner Mutter war, wärmte Mitgutsch seine Hände im Weihwasserbecken. Seine Füße waren immer klamm. Er trug Schuhe aus Leinwand mit Sohlen aus Holz, die sich mit Wasser vollsogen. Genauso wie die Hose, eine ehemalige Wolldecke, die an seinen Beinen gefror, bis sie steif und rund war wie zwei Ofenrohre. Aber die Arbeit mit dem Hammer gab ihm Hoffnung.

Die abgeklopften Steine stapelten er und Paule auf. Sie verkauften das Stück zu drei bis fünf Pfennigen. Vielleicht würde dadurch genug zusammenkommen, um irgendwann etwas zu essen zu kaufen, vielleicht sogar warme Schuhe. 500 Reichsmark hatte Mitgutsch schließlich erklopft. Das hätte zum Beispiel für ein Pfund Butter gereicht. Doch dann, 1948, kam die Währungsreform. Mitgutschs Vermögen war nur noch Altpapier, der Hammer plötzlich wertlos. Niemand brauchte das Werkzeug mehr, für die neue D-Mark bekam man alles.

Damit wäre die Geschichte vom Hammer eigentlich zu Ende. Aber dann wurde Ali Mitgutsch ein erfolgreicher Autor von Kinderbüchern. Seine detailreichen Wimmelbilder erzählen zum Beispiel vom Leben auf dem Land und in der Stadt. Er sagt, es seien die großartigen Erzählungen seiner Mutter und die Dioramen in den Wallfahrtskirchen gewesen, die ihn zu seinen Zeichnungen inspirierten. Damit macht er Tausenden Kindern Freude, die heute so alt sind, wie er damals war. Erst damit hört die Geschichte auf.

Jochen Temsch

Die Zeit der Überlebenskünstler

Eine Mausefalle zeugt für Johannes Bucher vom täglichen Kampf um Nahrung

Johannes Bucher weiß, worauf man im Krieg nicht verzichten kann: „Glück hat man allerweil gebraucht." Nur zwei Männer seiner Einheit überlebten den Fronteinsatz auf dem Balkan. Aber Heldengeschichten sind seine Sache nicht. „Man kann es nicht in Worte fassen", was er damals erlebt habe. So ist der vitale 82-Jährige erleichtert, dass er von einer Mausefalle und einer kleinen Schachtel erzählen darf. Zwei scheinbar alltägliche Dinge, die er dem Stadtmuseum für die Ausstellung „Der Krieg ist aus" gespendet hat.

Für Bucher symbolisieren sie das Erwachen aus einem jahrelangen Albtraum. Auf dem Esstisch seiner Wohnung am Luitpoldpark, wo der siebenfache Vater heute mit seiner Frau wohnt, hat er weitere Andenken säuberlich gestapelt; ein Stück Stoff, der mit bunten Vögeln bedruckt ist und den er einst auf dem Schwarzmarkt bekam, Anleitungen zum Bau von Radios, Lebensmittelmarken aus der Besatzungszeit und Postkarten, die den Wiederaufbau dokumentieren. Erinnerungen an die Kriegstage sind nicht dabei. Auch 60 Jahre danach bleiben Buchers Lippen länger als für eine Denkpause geschlossen, wenn er von seinen letzten Kriegstagen erzählen soll. Im April 1945 lag er in einem Lazarett in Mähren. Granatsplitter hatten sich in Arme, Beine und Gesicht gebohrt. Mehr sagt er nicht; nur soviel: „Ich hatte Glück, überlebt zu haben."

Auch die Zeit nach dem Krieg machte jeden zum Überlebenskünstler. Bucher musste als Fernmeldetechniker ins Hauptquartier der Amerikaner nach Bad Tölz. Obwohl Bucher mit Telefonverbindungen sein Geld verdiente, war er selbst auf eines der ältesten Kommunikationsmittel angewiesen: den Brief. „Es war der einzige Weg, mit Verwandten und Freunden zu kommunizieren." Weil die Briefmarken damals so wichtig waren wie heute Handys, gab es in jedem Haushalt eine kleine Schachtel für Briefmarken. Bucher bekam sein mit Blumen verziertes Holzschächtelchen von Bekannten zu Weihnachten. Als eines der wichtigsten Dinge des Nachkriegsalltags ist die Schachtel bald in der Ausstellung zu sehen.

Als Bucher mit 22 Jahren, im April 1945, ins zerstörte München zurückkehrte, konnte ihn nichts mehr schockieren. „Ich war im Krieg! Ich hatte genug kaputte Städte gesehen." Bei seiner Ankunft flogen die Engländer einen Luftangriff. Bucher entkam knapp einer Katastrophe. „Unser Zug wurde angegriffen, aber es traf nur die Lok." Der verletzte Bucher machte sich von Trudering aus zu Fuß auf den Weg zur elterlichen Wohnung in die Lindwurmstraße. „Als ich ankam, brannte die ganze Straße." Das Holz zwischen den Trambahngleisen stand nach dem Bombenangriff in Flammen. Bucher konnte trotzdem aufatmen. Das Haus, in dem seine Eltern wohnten, stand noch. Seine Mutter habe das Haus als Brandwart gerettet, erzählt Bucher. „Während die anderen im Luftschutzkeller saßen, warf meine Mutter Brandbomben mit der Schaufel aus dem Fenster." So blieb die kleine Dachgeschosswohnung bewohnbar. Anders als 90 Prozent der Gebäude in der Altstadt, die komplett zerstört waren. 6632 Münchner hatten in den Trümmern ihr Leben verloren, 300000 waren obdachlos geworden. Münchens Referent für Wiederaufbau ging davon aus, dass die Stadt erst in 50 Jahren wieder aufgebaut sein werde.

Trotz der Not will Bucher von einer kollektiven Depression, von der einige amerikanische Quellen berichten, nichts gemerkt haben. „Es war befreiend, dass man aufräumen konnte. Überall war Aktivität." Es war die große Zeit der Heimarbeit. „Jeder bastelte, was er eben konnte." Buchers Frau nähte Kleidung aus alten Wehrmachtsmänteln. Er selbst schnitzte Knöpfe aus einem Hirschgeweih und baute aus Drähten und alten Röhren etwa ein Dutzend Radios, um sie auf dem Schwarzmarkt auf dem Maria-Hilf-Platz zu tauschen. München hatte durch einen organisierten deutsch-amerikanischen Schieberring einen der größten Schwarzmärkte Deutschlands.

Auch Essen musste mühsam organisiert werden. So wurde der kleine Garten im Grünen, den die Familie Bucher seit den zwanziger Jahren – erst auf der Theresienwiese und dann in der Nähe der Hansastraße – besaß, zu einem lebenswichtigen Anbaugebiet von Kartoffeln, Gelben Rüben, Obst und Beeren. Während der durchschnittliche Münchner in Buchers Alter damals nur gut 61 Kilo wog, brachte Bucher fast 70 Kilo auf die Waage. Doch die Vitamine auf den 100 grünen Quadratmetern der Buchers waren umkämpft. Wo heute die Autos Richtung Garmischer Autobahn drängen, drängelten sich in den vierziger Jahren Mäuse. Auf der Suche nach einer Mausefalle fand Buchers Vater auf dem Schwarzmarkt schließlich ein Blech-Gerät in der Größe eines Vogelkäfigs. Diese selbstkonstruierte Falle ist für Bucher ein Zeitzeugnis, das viel aussagt: „Man hatte nichts und hat doch was draus gemacht." Die technische Raffinesse der Metallkonstruktion ist ausgefeilt wie eine Präzisionswaffe. Anhand einer Skizze erklärt Bucher, wie die Mäuse in dem Kasten ihr Ende finden sollten: Das Tier wird durch eine kleine Gittertür gelockt, wodurch sich automatisch eine Wippe bewegt und den Ausgang verschließt. Durch ein Rohr kann die Maus nach oben laufen, „ins Dachgeschoss". Dort tritt sie wieder auf eine Wippe und öffnet eine Falltüre. Die Maus plumpst in eine Sammeldose, wobei sie gleichzeitig durch eine dritte Wippe das Tor für die nächste Maus öffnet. Theoretisch eine feine Sache, die den Technik-Bastler Bucher noch heute fasziniert. Aber die Erfolgsquote der Wunderwaffe war bescheiden: Keine einzige Maus setzte eine Pfote in das Gestell. „Wahrscheinlich haben sich die Mäuse höchstens totgelacht." Es waren Zeiten für Überlebenskünstler. Auf allen Seiten. *Marco Eisenack*

Das Kind braucht Schuhe

Eva Faessler berichtet von einer Zeit der wiederkehrenden Normalität

Was ist das, das einen da anspringt, wenn man diese Schuhberge in den zu Gedenkstätten umgewandelten deutschen Konzentrationslagern sieht? Wahrscheinlich sind es die furchtbaren Schicksale, die man hinter jedem einzelnen der herrenlosen Paare erahnen kann – hinter kleinen Kinderschläppchen, hochhackigen Damenschuhen oder gefütterten Herrenstiefeln. Man weiß, dass den Menschen, die vor ihrer Internierung darin umhergingen, im Lager zusammen mit ihren Schuhen ihre Würde und Individualität genommen wurden und das Recht auf Leben.

Für Eva Faessler und ihre Familie ist ein Paar Schuhe zu einem Symbol des Überlebens geworden. Ihr Vater Max Mannheimer hat sie der heute 58-jährigen Bibliothekarin im Jahr 1947 gekauft, als die Tochter ihre ersten Schritte tat. Zusammen mit seiner Frau ist der nordmährische Jude kurz zuvor nach München gekommen, nachdem er die Konzentrationslager Theresienstadt, Auschwitz und Dachau überlebt hatte. In München lebten einige Männer, mit denen er im KZ Freundschaft geschlossen hatte.

„Das Kind braucht Schuhe", hat Max Mannheimer zu seiner Frau Elfriede gesagt und sie daraufhin vom Schwarzmarkt in der Bogenhausener Möhlstraße mitgebracht: winzige Schnür-Stiefelchen aus feinem braunen Leder mit beigem Stofffutter, sorgfältig von Hand genäht – ein Schatz, für den er „immens viel" bezahlt haben muss, wie Eva Faessler heute sagt. Ihr ist die Herkunft der Stiefelchen bis heute ein wenig unangenehm: Sie vermutet, dass sie aus einem „Displaced Person Camp" stammen. Dort bereiteten sich KZ-Überlebende nach dem Kriegsende auf die Emigration vor, indem sie sich in handwerklichen Berufen ausbilden ließen – „besonders Israel brauchte damals unbedingt solche Leute", erzählt Eva Faessler. Dass die Lehrstücke der Emigranten auf dem Münchner Schwarzmarkt landeten, war vermutlich nicht beabsichtigt und ist Eva Faessler bis heute peinlich.

Doch das Geld war knapp in diesen Jahren: Weil auch nach dem Krieg nicht viele Münchner einen Juden in ihrem Betrieb einstellen wollten, musste sich der literarisch und künstlerisch begabte Max Mannheimer mit wechselnden Jobs als Prokurist durch-

schlagen. Die Familie war in einer winzigen, „entnazifizierten" Wohnung in der Klementinenstraße untergebracht worden; Mutter Mannheimer hatte einen Rock und eine Bluse zum Ausgehen. Trotzdem waren die Monate, in denen die kleine Eva in ihren neuen Schuhen laufen lernte, keine schlechte Zeit. Der Krieg war vorbei, und vor allem für ihren Vater war es wahrscheinlich das erste bescheidene Glück nach grässlichen Jahren: Im KZ hat er fast seine ganze Familie verloren, darunter auch seine erste Frau, deren Vornamen Tochter Eva trägt.

Eine Zeit der wiederkehrenden Normalität also – aber auch der anhaltenden Unruhe: So lange sich Eva Faessler zurückerinnern kann, hatten sie immer Gäste in der Zweizimmerwohnung. Verwandte ihrer Mutter, Freunde des Vaters vor ihrer Ausreise in die USA oder nach Australien. „Und auch meine Eltern waren angespannt", erinnert sich Eva Faessler – nach dem, was sie überstanden hatten, kein Wunder. So bald sie konnte, hat sich die kleine Eva vor der Enge und den ernsten Erwachsenengesprächen zu den Nachbarkindern in den Hof geflüchtet.

Während ihr über 80-jähriger Vater heute als Autor, Maler, Zeitzeuge und Präsident der Lagergemeinschaft des KZ Dachau in der Öffentlichkeit unermüdlich gegen das Vergessen kämpft, hält sich seine Tochter Eva eher zurück. Die gut aussehende Frau mit den dunklen Locken mag ihr Bild nicht in der Zeitung sehen („Von meinem Vater gibt es Fotos genug.") – sie habe am Beispiel ihrer politisch aktiven Mutter gesehen, „wie einen das seelisch schafft, wenn man das so ernst nimmt". Was das Judentum anbelangt, so fand Eva Faessler es immer „spannend", beide Seiten zu kennen – die des jüdischen Vaters und jene der nichtjüdischen Mutter; sie war stolz darauf. Trotzdem fühlt sie sich selbst nicht als Jüdin. Das mag auch daran liegen, dass Eva Faessler zusammen mit ihrem Mann, einem Physiker, und den drei Kindern lange in der Schweiz, in Frankreich und den USA gelebt hat; weit weg von der deutschen Holocaust-Bewältigung.

Ihre mittlerweile erwachsenen Töchter haben lange nicht gewusst, dass der Großvater, mit dem man lachen konnte, bis man Bauchweh bekam, Jude ist, der Schreckliches überlebt hat. „Und von Hitler habe ich erst in der französischen Grundschule erfahren", erzählt die heute 33-jährige Judith. Nur einmal ist sie diskriminiert worden – aber nicht als Jüdin: „Sales boches", „dreckige Deutsche" haben die französischen Kinder auf dem Rodelberg die beiden Mädchen genannt. Daraufhin ist Eva Faessler hingegangen und hat die Spielkameraden zusammengestaucht. Sie hat ihnen nicht erklärt, dass der Großvater der Mädchen in einem deutschen KZ war. „Ich wollte nicht, dass meine Töchter diffamiert werden – egal als was."

Heute lebt Eva Faessler mit ihrer Familie wieder in der alten Heimat München. Im Moment lernt ihr erster Enkel, Noah, laufen; bald wird er seine ersten richtigen Schuhe brauchen. Auf einem Foto, das Eva Faessler zu Weihnachten an Freunde verschickt hat, sieht man Max Mannheimer mit seinem Urenkel auf dem Schoß. Das pummelige Händchen des Kleinen liegt auf dem braungebrannten Arm des Alten – direkt oberhalb der eintätowierten KZ-Nummer. Max Mannheimer hat überlebt. *Nina Berendonk*

40

Das Geheimnis der grünen Dosen

Die frühe Nachkriegszeit passt für Peter Galle in eine Blechkiste

Da liegen sie. Zwei dunkelbraune, unscheinbare, nein, hässliche Dosen. Gefüllt mit Beef Chunks in Sauce oder White Bread. Das Haltbarkeitsdatum, 1949 und 1964 schon lange abgelaufen, lässt ahnen, in welchem Zustand sich Fleisch und Brot befinden. In einem scheußlichen. Der Schütteltest bestätigt diese Vermutung: Ein kleiner Klumpen Weißbrot, wohl zur Unkenntlichkeit zusammengeschrumpft, kullert in der Dose hin und her.

Das mag einmal eine Verpflegungsration für amerikanische Soldaten gewesen sein – damals, als sie 1945 in München einmarschierten, damals, als das Ende der nationalsozialistischen Schreckensherrschaft Trümmer und Traumata hinterließ. Jetzt sind Beef Chunks und White Bread nichts anderes als deutsche Nachkriegsgeschichte, eine Geschichte, die Spuren legte.

Bei Peter Galle zum Beispiel. Für ihn sind die Konserven unweigerlich mit seinem Vater Peter Galle (1929 – 2000) verbunden, der 1945 als 16-jähriger Donauschwabe vom Auffanglager im niederbayerischen Aidenbach nach München kam. Der Arbeit wegen und mit dem Fahrrad. „Er fand die Dosen auf seinen Streifzügen, nahm sie mit. Wie alles, was ihm in diesen Zeiten in die Finger kam. Er musste das tun, das gehörte zu ihm“, erzählt sein Sohn, Peter Galle junior, heute. Mit einem Rucksack sei der Vater losgezogen, auch noch viele Jahre nach Kriegsende. Peter Galle kann sich ein Schmunzeln nicht verkneifen. Weil er sich in dieser Beschreibung wohl selbst ein bisschen wiedererkennt. Denn auch er hat diese Sammlerleidenschaft geerbt. Steine, Holz, Bücher – nichts wird im Hause Galle weggeworfen. Schon gar nicht Erinnerungen an das Kriegsende und an eine Zeit, die für die meisten Menschen nur eines bedeutete: Entbehrung. Das sei eine Mentalitätsfrage, sagt Galle. „Die Donauschwaben werfen einfach ungern etwas weg. Sie haben eben ein anderes Verhältnis zu den Dingen.“ Und dann erinnerten ihn alle Gegenstände an seine Kindheit und an eine sehr schöne, sehr intensive Zeit mit dem Vater.

Peter Galle senior pendelte einmal die Woche mit dem Fahrrad von Niederbayern nach Oberbayern. In der Hoffnung, Wohnraum zu finden. Doch die Unterkunftsmöglichkeiten waren mit Flüchtlingen und Vertriebenen restlos ausgeschöpft. Galle ließ sich nicht entmutigen, krempelte die Ärmel hoch und baute wie viele andere Donauschwaben in Kieferngarten auf einem ehemaligen militärischen Übungsgelände, das zuvor von den Amerikanern und der Feuerwehr von Minen und Blindgängern „gesäubert“ worden war, ein Haus. München lag in Trümmern. Steine gab es genug. Ein Haus nach dem anderen wurde fertig. Die Siedlung Kieferngarten entstand und schenkte den Vertriebenen etwas sehr Kostbares: eine neue Heimat.

Ein kleines, braunes Survival-Päckchen. Made in USA. Mit Kaffee, „Matches“, Klopapier und natürlich Kaugummi – das Zeichen für das Moderne, das Amerikanische schlechthin – und die Freude der Kinder, wenn sie von den Soldaten „Bubblegum“ ergattern konnten.

1954 wurde Sohn Peter geboren. Kaum drei Jahre alt, begleitete er seinen Vater auf den Streifzügen. „Wie ein kleiner Spürhund habe ich die Schützengräben der Amerikaner abgesucht, die Manöverplätze hier in der Siedlung“, erinnert sich Galle jun. Sein erster großer Fund: Konserven. Besonders die Kinder hätten diese Dosen mit der geheimnisvollen, englischen Aufschrift geliebt und den Inhalt gerne gegessen. „Nussrollen mit Zimt waren meine Leibspeise“, sagt der Sozialpädagoge und Vater einer neunjährigen Tochter.

Munition. Mit einem leisen „Klack“ stoßen die leeren Hülsen aneinander, wenn man sie berührt. Der Geruch – eine Mischung aus Erde, Metall und Resten von Schießpulver. Reizt die Nasenschleimhäute.

Für die Großen waren die Trümmerberge ein schwer abzutragendes Mahnmal, für die Kinder ein einziges Abenteuer, ein großer Spielplatz. Die Erinnerung projiziert immer wieder neue Bilder in Galles Kopf. „Ja, aus der Munition haben wir das Pulver herausgenommen und kleine Bomben gebaut. Wir waren doch nur Kinder.“ Kinder, die Dosen mit Plastiksprengstoff öffneten, in der Annahme, auch da wäre etwas Leckeres zu essen drin. „Wir konnten kein Englisch, konnten die

Aufschrift nicht lesen. Also probierten wir alles. Klar, wir haben schnell herausgefunden, dass das nicht schmeckte. Die Amerikaner, mit denen wir uns sehr gut verstanden, haben sich allerdings schief gelacht, als wir ihnen das erklärten." Während Galle erzählt, huscht ein Lächeln über sein Gesicht, so als ob er schnell mal einen kurzen Ausflug in die Kieferngarten-Siedlung anno 1959 unternommen hätte.

Da steht sie. Eine AMM-Box, eine Munitionsbox der US Army. Im typischen Militärgrün, nur etwas verkommen. Die Farbe blättert ab, an allen Ecken und Kanten. Die rote Grundierung kommt zum Vorschein. Kein Wunder. Peter Galle senior nahm sie überall mit hin, verstaute all die Jahre sein Werkzeug – natürlich aus amerikanischen Beständen – in dieser Box. Später legte er einige seiner Erinnerungen an die Nachkriegszeit in diese Kiste.

Erinnerungen, die bis heute in seinem Sohn wach geblieben sind. Wohl auch deshalb, weil Peter Galle sen., trotz Schicksalsschlägen, Flucht, Heimatverlust und traumatischen Kriegserlebnissen wie dem Bombardement Dresdens, das Leben liebte und das Ende des Krieges als Neuanfang begriff. „Für ihn, so erzählte mir Vater oft, war diese Zeit die schönste seines Lebens", sagt der Sohn. „Der Zusammenhalt der Menschen in der Not – diese Erfahrung hat ihn bis zum Tod geprägt." Wehmut schwingt in Galles Stimme mit. Wehmut und Stolz. *Nicole Graner*

Mit Puppenwagen auf der Flucht

Ulla Gerlach erlebte die Vertreibung als Sechsjährige

Der Puppenwagen. Eigentlich gehörte er ja Uta, dem älteren der beiden Kinder der Familie Oberdorffer. Doch nun bekam ihn ihre kleine Schwester Ulla geschenkt. Mit Wachstuch waren seine Wände ausgekleidet, blauer Stoff umhüllte sie. Ulla legte mal ihre Puppe hinein, dann den Teddy, dann den Stoffhund. In Reichenberg, in Böhmen, schob sie ihn über Kopfsteinpflaster, Wiesen und Wege.

Reichenberg im Juli 1945. Der Krieg ist vorbei, der Vater in amerikanischer Gefangenschaft. Die Mutter, die kranke Großmutter und die beiden Mädchen Uta und Ulla warten auf den Abtransport. Die ersten Deutschen haben bereits ihre Häuser verlassen müssen. Nun stehen uniformierte Tschechen bei den Oberdorffers vor der Tür. 30 Kilo sind gepackt, Ulla darf ihren Ranzen und den Puppenwagen mitnehmen. In ihm verstaut die Sechsjährige ein Buch mit Weihnachtsliedern, einen Wachsapfel und Ulli, die kleine Puppe. Mantel, Jacke, Schuhe und ein Köfferchen haben auf dem Verdeck noch Platz. „Wir werden unser Haus nie wiedersehen“, sagt die Mutter. Die Odyssee beginnt.

Jetzt sitzt Ulla, heute heißt sie Gerlach, im Wohnzimmer ihres Germeringer Reihenhauses und erzählt. Die 66 Jahre alte Frau hegt keinen Groll gegen die Tschechen. Eher gegen jene unverbesserlichen Sudetendeutschen, die von „Wiedergutmachung“ reden und aus persönlichen Interessen oder Dummheit heraus die Vertreibung immer wieder zum Thema machen. Vor ein paar Jahren reiste die freundliche Frau mit den lockigen Haaren und den blauen Augen ein letztes Mal zum Haus ihrer Eltern nach Reichenberg. Ulla Gerlach traute sich nicht, bei den neuen Besitzern zu klingeln. Sie weinte. „Vor dem Fenster meines Kinderzimmers hingen nun Geranien. Das sah sehr hübsch aus.“ Früher hatte ihre Mutter als Lehrerin gearbeitet, ihr Vater – ein überzeugter Nationalsozialist – war Kulturbeamter in der Gauselbstverwaltung. Aber das war Vergangenheit. Längst vergangene Vergangenheit.

Zurück ins Jahr 1945. Der Zug setzt sich in Bewegung. Eingezwängt zwischen Hunderten von Menschen, Koffern und Säcken geht es im Kohlewaggon nach Sachsen. Ullas Puppenwagen ist mit dabei. In Schiergiswalde übernachten die vier Frauen im Lagerhaus. Ein Gewitterregen hat ihre Kleider durchnässt. Nur Ullas Puppe blieb trocken. Der Wagen besitzt einen Regenschutz. Mit nassen Zweigen bereitet Ullas Mutter eine kleine Feuerstelle. Ein paar Brühwürfel ins lauwarme Wasser, fertig ist die erste Suppe. „Es war die beste Suppe meines Lebens“, sagt Ulla.

In Goslar kennen sie jemanden. Nur wie sollen die Oberdorffers jetzt nach Goslar kommen? Der nächste Zug fährt nach Dresden. Bald rollt Ulla den Puppenwagen über die Trümmer der völlig zerstörten Stadt. Der kleine Koffer, den sie auf ihm transportiert, rutscht ständig herunter. Eine Jugendfreundin der Großmutter lässt sie im Keller schlafen. Doch hier können sie nicht bleiben. Wer den Dresdener Bombenhagel überlebt hat, der hat nun genug mit sich selbst zu tun. Also setzen die vier Frauen ihre Reise ins Ungewisse fort, nehmen jeden Zug, der sich ihnen anbietet, übernachten auf Bahnhöfen, landen schließlich in Wernigerode. Von dort aus wollen sie in die britische Zone wechseln. Sie hören, dass sich am nächsten Tag um sieben Uhr ein Schlagbaum im Wald öffnen soll. Damit sie den Termin nicht verpassen, schlafen Großmutter, Mutter und Kinder bei eiskaltem Novemberregen im Wald. Dann sind sie im Westen. Auf der Flucht liegt Ulla mit Ruhr auf der Isolierstation des Krankenhauses. Damit man auch im Chaos der Vertreibung weiter zusammenbleiben kann, infiziert ihre Mutter sich und Ullas 13 Jahre junge Schwester Uta absichtlich mit dem Virus. So dürfen sie gemeinsam ins Krankenhaus.

Wernigerode, Goslar, Soest, Unna, Afferde. Zehnmal wechselt Ulla in der folgenden Zeit die Schule. Der Puppenwagen begleitet sie. Nach drei Jahren kehrt der Vater aus der Gefangenschaft zurück. Er findet seine Familie in Bayreuth, wo Ullas Mutter Arbeit in einer Keramikwerkstatt gefunden hat. Hier bekommt auch Vater Oberdorffer eine Stelle – als Heizer. Die Großmutter stirbt 1947 in Bayreuth. „Am Ende lag sie wurzellos und völlig entkräftet im Pflegeheim“, sagt Ulla Gerlach. Es ist das einzige Mal, dass sie mit den Tränen kämpft. Der Vater arbeitet später als Leiter des Stadtmuseums in Ludwigshafen. Hierhin zieht die Familie Anfang der fünfziger Jahre. Da ist die Odyssee endlich vorbei. Ulla macht Abitur, zum Studium wechselt sie nach München, heiratet, bekommt drei Kinder. Ihr Vater, sagt sie, die bis zu ihrer Pensionierung Lehrerin am Germeringer Gymnasium war, habe mit ihr nie über den Krieg gesprochen. Er habe sich aber intensiv um die „deutsch-tschechische Versöhnung" gekümmert.

Jahrelang steht der Puppenwagen in diversen Kellern. Jetzt entdeckt ihn Ulla wieder. Die Räder sind rostig, die Reifen abgewetzt, die Kissen brüchig, die Federung quietscht, das Verdeck wurde oft geflickt. Krieg und Vertreibung hinterlassen Spuren. „Ich vergesse nie, wie es ist, wenn man in kurzer Zeit das Haus räumen muss", sagt Ulla Gerlach. Eine Freundin, erzählt sie, ordne noch heute ihre Kleiderbügel stets so, dass sie mit einer Handbewegung alle sofort von der Stange wischen könne. Sie selber habe ihre wichtigsten Unterlagen immer griffbereit. Falls irgendwann doch wieder jemand an die Haustür klopft und sagt: „Sie haben noch eine Stunde Zeit."

Wenn sie ihren Puppenwagen heute betrachtet, so hört sie das Pfeifen des Zuges, der ihren Vater nach dem Weihnachtsurlaub wieder zurück an die Front brachte. Sie schmeckt die erste Suppe, die ihre Mutter hinter dem Grenzübergang für sie, ihre Schwester und die Großmutter kochte. Sie riecht das Harz an den Bäumen des kalten, nassen Novemberwalds. Ihre Enkel schieben heute den Puppenwagen manchmal durch den kleinen Germeringer Reihenhausgarten. Das Glück, das sie dabei empfinde, sagt Ulla Gerlach, sei einfach nicht zu beschreiben.

Martin Zips

Das Kamel und das Nadelöhr

Eduard Haußmann verbindet viel mit einem Blechteller und einem Nadelkissen

Eduard war immer noch stolz auf seinen Teller. Natürlich, jetzt, da er schon sechs Jahre alt war, dachte er sich schon manchmal, dass das Geschirr von den Erwachsenen irgendwie anders, na ja, erwachsener eben, aussähe. So weiß und aus Porzellan. Nicht, dass sich Eduard Gedanken darüber machte, was genau Porzellan sei, aber eines stand fest: Da waren keine Tiere drauf. Auf seinem Teller aber war ein Kamel. Ein kleiner Hügel, ein Kaktus, eine Palme und ein Kamel. Bunt. Der Teller selbst war weiß, aber das war ein Weiß, das mit dem Erwachsenentellerweiß gar nicht zu vergleichen war, weil es das Weiß der Wüste war. Und in diesem Wüstenweiß eingraviert, eingekratzt und mit zarten Farben versehen, stand das Kamel.

Der Teller war und ist aus Blech. Eduard Haußmann muss ihn heiß geliebt haben, so benutzt, wie er ausschaut. Haußmann – die Vergrößerung des s zu einem scharfen ist der undeutlichen Handschrift seines Großvaters und der mangelnden Sehkraft eines Standesbeamten zu verdanken –, Eduard Haußmann trägt seit seiner Kindheit in Coburg eine Kiste mit Erinnerungsstücken mit sich herum, mit denen er siebzehnmal umgezogen ist. In dieser Kiste lag auch der Blechteller.

Das sind keine Exponate, anhand derer man direkt ins Herz der Finsternis der Nazibarbarei wandert. Herr Haußmanns Blechteller wirkt auf rührende Weise unscheinbar. Doch bei Menschen, die die Nachkriegszeit erlebt haben, mögen Fundstücke wie dieses ein Kramen in den eigenen Erinnerungen auslösen. Das merkt man auch bei Haußmanns daheim. Denn zu Beginn des Besuchs lässt Eduards Gattin Ingrid keine Gelegenheit aus, den Ehemann mit seinem „alten Glump“ liebevoll zu triezen. Doch dann bewegt sie sich auch auf den immer weiteren Bahnen, die die Erzählungen des Ehemanns um den Blechteller ziehen. Sie selbst hat nichts aufgehoben. Auf der Flucht aus Breslau konnte sie nicht viel mitnehmen. Außer Erinnerungen.

Eduard hatte seinen Blechteller schon zwei, drei Jahre in Betrieb, als dieser seinen unschätzbaren Wert beweisen sollte. Wobei für seinen Besitzer dieser Wert schon immer unstrittig war. Ihn kümmerte nicht, dass das Wort „Kamel“ einmal ein Schimpfwort werden sollte. Für ihn kam das Kamel, das in des Tellers sanfter Wölbung hauste, aus einem seiner vielen Märchenbücher. Auch dass vielleicht die Geschichten aus Tausendundeiner Nacht der Grund für seinen späteren ersten Beruf, Buchhändler, sein sollten, wusste Eduard noch nicht, als der Blechteller das ganze Erwachsenenporzellan locker übertrumpfen sollte.

An einem Tag, vermutlich im Jahre 1945, stellten sich Eduard mal wieder die Haare auf. Die Sirenen von Coburg kündeten einen erneuten Luftangriff auf die Stadt an. Und Eduard lief zusammen mit seinen Großeltern und seiner Mutter in den Luftschutzkeller und ärgerte sich darüber, dass die dicken Socken an seinen Füßen zwar recht warm waren, aber keineswegs gegen die Feuchtigkeit da unten halfen. Den feuchten Lappen hatte er auch dabei, gegen den Staub, falls das Haus einen Treffer erhalten sollte. Waschlappen waren das Hilfsmittel der einfachen Leute, Gasmasken hatten nur der Hausbesitzer und der Luftschutzwart.

Und dann schlug eine Bombe im Nachbarhaus ein. Der Druck der Explosion war so gewaltig, dass alle Scheiben im Haußmann-Haus aus den Rahmen fielen. Das bekam man wieder hin, weil in der Nachbarschaft auch ein Glaser wohnte. Schlimmer sah es in der Küche aus. Der Küchenschrank war umgekippt, auf den Tisch gefallen, und das ganze schöne weiße Erwachsenenporzellan war herausgerutscht. Der einzige Teller, der nicht beschädigt war, war Eduards Blechteller mit dem Hügel, dem Kaktus, der Palme und dem Kamel.

„Ich hätte davon essen können, wenn es etwas zu essen gegeben hätte.“ Doch an ein paar Spezialitäten aus dem Jahr 1945 kann sich Eduard Haußmann noch erinnern. An Schwarzbrot mit Milchhaut etwa. Oder an „Schiebewurst“. Die ging so: Man legte eine kleine Scheibe Wurst auf eine Scheibe Brot, nicht ganz vorne, so dass man beim Abbeißen gerade ein winziges Stückchen der Wurst mit den Zähnen zu fassen bekam. Dann schob man die Wurst ein wenig weiter und wiederholte das so lange, bis am Ende das Brot weg war und erst mit dem letzten Bissen die Wurst auch.

Aber dafür war der Teller mit dem Kamel, der ein

flacher Suppenteller ist, gar nicht so gut geeignet wie für Graupen, Sago (ein stärkehaltiger Schleim aus einer Palmenart), Steckrüben oder Metzelsuppe (aus Sauerkraut). An Festtagen gab es Hering mit Kartoffeln: einen Hering für den Großvater und einen Hering, den sich Eduard, seine Mutter und seine Großmutter teilten. Der Vater erhielt gar keinen Hering, der war noch in Kriegsgefangenschaft. Und an ganz besonderen Tagen landeten auf dem Teller seltene Leckerbissen. Süße Stückchen, Überbleibsel aus dem Café Renner, oder vielleicht sogar ein Rebhuhn aus der Gastwirtschaft Schröck, die auch einen Wildhandel unterhielt.

Das Ernährungs-Wunder der Familie Haußmann im Jahr 1945 hing mit der Tätigkeit von Eduard Haußmanns Mutter zusammen. Und mit einem weiteren Fundstück aus der Erinnerungskiste. Es ist nicht die Blechschachtel, in der einst „XOX“-Kekse von „Weltruf“ waren, nicht der Schuhlöffel aus Wehrmachtsmetall, nicht der hölzerne Griffelkasten oder das Behältnis der Deutschen Zündwarenmonopolgesellschaft. Nein, es ist ein Nadelkissen.

Eduard Haußmann meint zu seiner Sammlung: „So lebt man von einer Nostalgie zur anderen.“ Seine Gattin, mit liebevoller Entrüstung: „Wenn wir mal sterben, müssen unsere Kinder mit dem Bagger kommen. Der hebt ja alles auf.“ Die Dinge dienen dem Gedächtnis. Auch dem von Herrn Haußmanns Frau, die ja nichts mitbrachte aus Schlesien. Die Dinge erzählen nicht nur ihre eigenen Geschichten, sie bringen auch andere an die Oberfläche. Von Spielsachen etwa, mit denen sich Kinder in einer Zeit behalfen, in der es nichts zum Spielen gab. Man bastelte aus alten Fahrradschläuchen Bälle und aus Streichholzschachteln und Reichspfennigen eine Eisenbahn. Oder ein Nadelkissen aus einer Gasmaske.

Das Nadelkissen von Eduard Haußmanns Mutter schaut ganz hübsch aus. Weiß ist es, mit roten, blauen und grünen Streifen. Nur der Sockel, über dem sich der Stoff wölbt, in dem man noch die Rostflecken der Eisennadeln erkennt, ist ein bisschen merkwürdig. Er ist oliv und hat innen ein Gewinde. An dieses schraubte man ursprünglich einmal den Filter, aber den brauchte man nun genauso wenig wie die ganze Maske, die irgendwo auf einem Müllhaufen lag. Man war nicht mehr draußen vor der Tür, man war drinnen, und es musste weitergehen.

Also nähte Mutter Haußmann. Nähte Tischwäsche für das Wirtshaus Schröck und das Café Renner, das es heute noch gibt. Frau Haußmann, die „Weißnäherin“, nahm zwei von Zigaretten löchrige Tischdecken und machte eine neue daraus. Frau Haußmann nähte Bettwäsche aus vielen Teilen zusammen. Sie wendete die Kragen von Hemden, so dass man die zerschlissene Seite nicht mehr sah. Vielleicht nähte sie auch mal was Hübsches für Fräulein Knittel, die Flüchtlingsdame, die die Amerikaner inzwischen bei den Haußmanns einquartiert hatten. Immer war das Nadelkissen in Griffweite, viele Jahre nach Kriegsende noch. Bis zum Tod der Mutter war es in Gebrauch, dann rangierte es Herrn Haußmanns Gattin aus, weil es ihr viel zu bockig war, „da brachte man die Nadeln kaum rein“.

Eine Gasmaske hatte Eduard Haußmann nie aufsetzen müssen, das Nadelkissen hat er wohl oft in der Hand gehabt. Nicht alles, was seine Mutter damit herstellte, rief damals seine ungeteilte Begeisterung hervor. Die Wintermäntel aus Militärdecken, die haben doch arg gebissen. Und die Unterwäsche aus Glaswolle, die man bei der Plünderung der Kaserne in Neusäß ergattern konnte, die war auch nicht kuschelig. Aber besser als nichts war sie doch. *Egbert Tholl*

CARE
Paket-
Ausgabestelle
Arbeiter Wohlfahrt München

Brot-u. Feinbäckerei
Fritz Meyer

München

Der Himmel unterm Hakenkreuz

Ein Kinderkleid aus ungewöhnlichem Stoff erinnert Inge Klotz an ihre Schwester

Der Stein landet in der Mitte des Vierecks aus Kreide. Ein kleines Mädchen hüpft ihm hinterher, auf einem Bein, springt durch die Kästchen auf dem Boden. Das Mädchen heißt Gertrud. Ihre blonden Zöpfe hüpfen bei jedem Sprung, genauso wie der Glockenrock ihres Kleides. Das Kleid hat ihre Tante geschneidert, rote Herzchen sind auf dem weißen Rock aufgenäht. Dazwischen hat der Stoff breite schwarze Streifen. „Himmel", ruft Gertrud, als sie durch alle Kästchen hindurchgehüpft ist, ohne einen der wackligen Striche zu berühren. Sie gibt den Kiesel ihrer Schwester Irmgard.

Ein schönes Kleid ist es, das Gertrud da trägt, im Spätsommer 1945. Hinter den beiden spielenden Mädchen, im Hof des Hauses, das einmal ein Schulhaus war und über dessen Eingangstür eine leere Fahnenstange in den Himmel ragt, liegen ein paar amerikanische Soldaten im Gras. Sie warten darauf, dass Gertruds Mutter das Reh fertig zubereitet hat, das sie am Morgen geschossen haben.

Der Wind spielt mit Gertruds Rock. So wie früher. Als das Kleidchen noch eine Fahne war, die im Wind flatterte. An der Eisenstange hing sie, an dem alten Dorfschulhaus, an dem die Farbe schon abblättert. Die meiste Zeit wehte sie nur sanft hin und her. Aber ab und zu, wenn sich ein Windstoß in dem kleinen Schulhof gefangen hatte und kräftig in die Stoffbahnen hineinfuhr, dann blitzte in der Mitte der roten Fahne ein weißer Kreis auf. Mit einem großen schwarzen Kreuz darin, dem Zeichen derer, die nun die Herrschaft über das Land hatten, die den Lehrer aus der kleinen Dorfschule fortgeholt hatten, zuerst nach Frankreich und dann nach Italien, damit er kämpfte an der Front. Den Lehrer Otto Kramer, der Gertruds Vater war. Die Fahne hatte er aufgehängt, aufhängen müssen, weil an allen öffentlichen Gebäuden die Flaggen wehen mussten. In die Partei musste er eintreten, als Lehrer, und die Ortsgruppenverbände leiten. Er, der alles andere als ein glühender Anhänger der Nationalsozialisten war und heimlich amerikanische Sender hörte. Das war, bevor an den vielen Fronten so viele umgekommen waren, dass sie keine jungen Männer mehr hatten, und sie im Mai 1942 selbst ihn, mit 40 Jahren, noch einziehen mussten.

Seine Frau Berta blieb in Großkuchen, in der Lehrerwohnung im ersten Stock des Schulhauses zurück. Und mit ihr Gertrud, Irmgard und deren fünf Geschwister. Geld hatten die Kramers keines, es mangelte der Großfamilie an allem. Aus der Hölle der Front schrieb Kramer seiner Frau die gefährlichen Zeilen, sie solle doch sein braunes Parteihemd und überhaupt seine Uniform zerschneiden und für die Kinder etwas zum Anziehen nähen – der Krieg sei ohnehin verloren. Das war er auch. Drei Jahre, nachdem Kramer in den Krieg musste, war der ganze Irrsinn vorüber. Nach Hause durfte Kramer noch nicht. Er geriet in englische Gefangenschaft, in Rimini. Dort magerte er ab, wurde krank, und dabei hatte er es noch gut erwischt. Weil er Französisch und Englisch sprach, setzten ihn die Engländer als Dolmetscher ein. Zuhause wurden die Fahnen, die an allen öffentlichen Gebäuden hingen, eingeholt, zerrissen, vergraben, verbrannt.

Bis auf den kleinen Ort Großkuchen. Dort hatte sich mittlerweile eine Tante mit in der Lehrerwohnung einquartiert, Tante Mina. Den Mann hatten sie ihr erschossen an der Front, und so war sie in das Schulhaus gekommen, um Gertruds Mutter zu helfen, irgendwie über die Runden zu kommen. Mina war Schneiderin. Und die Hakenkreuzfahne war Stoff. Viel Stoff. Ihn zu verbrennen wäre den beiden Frauen wie eine Sünde erschienen. Und so nähte Mina, die bekannt war für ihre kreativen Ideen, für ihr Patenkind Gertrud aus der Fahne ein Kleid für den Schulanfang. Sie gab sich viel Mühe beim Nähen, fertigte den Rock aufwändig, eigentlich verschwenderisch, in der Glockenform. Und weil es sich so anbot, wählte sie für den Kreis, den man für einen Glockenrock benötigt, den weißen Kreis mit dem Hakenkreuz. In dessen Mitte schnitt sie ein Loch, daran nähte sie das Oberteil, mit einer komplizierten Knopfleiste, zum Schluss nähte sie noch zwei Herzchen auf den Rock.

Gertrud hatte nicht viel anzuziehen, damals. Die Mutter schrieb dem Vater in seine Gefangenschaft, er solle Ausschau halten nach Schuhen, denn die waren überhaupt nicht aufzutreiben. Die Söhne trugen im

Winter kurze Hosen mit langen Wollsocken. Für lange Hosen gab es nicht genügend Stoff. Also trug Gertrud das Kleid tagein, tagaus.

Auch als die Amerikaner kamen. Mit einem dumpfen Dröhnen kündigten sich die Panzer an, immer lauter wurde das Donnern, und schließlich bogen die großen Fahrzeuge in die Dorfstraße. Gertrud stand in ihrem Kleidchen mit ihrer Mutter und ihren Geschwistern vor dem Schulhaus und beobachtete, wie die Panzer heranrollten. Auf einmal lief Bruno, der kleine Bruder Gertruds, auf die andere Straßenseite. Händeringend blieb Berta Kramer mit den anderen Kindern zurück. Ein Soldat ließ die gesamte Kolonne anhalten, nahm den kleinen Bruno auf den Arm und brachte ihn zu seiner Mutter. Wir kommen als Freunde, bedeutete ihr der amerikanische Soldat. Und an das Kleid dachte niemand mehr.

Und so trägt Gertrud das Kleid, als sie im Schulhof Himmel und Hölle spielt, und sie trägt es auch dann noch, als Amerikaner in dem Schulhaus einquartiert werden und sie mit ihrer Mutter und den sechs Geschwistern in ein Haus gegenüber ziehen muss, in ein einziges Zimmer. Die Mutter wäscht für die Amerikaner, die ihr ihre Dienste bezahlen, und hin und wieder muss sie für sie kochen, ein Reh oder einen Hasen, den die Soldaten im Wald schießen. Wenn sie kocht, muss sie mitessen. Damit sie nicht auf die Idee kommt, das Essen zu vergiften.

Am 3. April 1946 kommt der Vater nach Hause. Dünn ist er. Gertruds Bruder Otto, sieben Jahre alt, erkennt den Vater nicht, als er im Schulhof steht. Ein Jahr dauert der Entnazifizierungsprozess, dann darf Kramer wieder unterrichten. Gertrud, die bei ihrer Einschulung das schönste Kleid von allen trägt, wird nur elf Jahre alt. Sie stirbt, weil in der Nachkriegsnot Medikamente fehlen.

Die Kramers verlassen bald das kleine Dorf, ziehen mehrmals um, und immer nimmt die Mutter auch das Kleid mit. Irgendwann in den Siebzigern gibt sie es ihrer Tochter Inge. Auch die hebt das sonderbare Stück sorgfältig auf, auch, als sie ihren Mann Theodor Klotz kennen lernt und von Stuttgart nach München zieht – als Erinnerung an die große Schwester, die sie nur ein paar Jahre hatte. Denn Inge kommt erst 1947 zur Welt. Sie wäre die nächste gewesen, der das Kleid nach Gertrud gepasst hätte, Anfang der Fünfziger. Doch da ließ die Mutter das ungewöhnliche Stück lieber in seiner Schachtel. Und so blieb Gertrud die einzige, die das Hakenkreuzkleidchen trug, Gertrud mit den Zöpfen, die so lustig hüpften, als sie „Himmel" rief.

Birgit Lutz-Temsch

Der zerbrochene Lorbeer

Wie Familie Gallenmüller Teile der zerstörten Siegestor-Quadriga rettete

König Ludwig I. hat seiner Residenzstadt München eine Reihe kurioser Bauten beschert. Den Königsplatz als griechischen Tempelbezirk vor den Toren eines bis dahin eigentlich fast noch mittelalterlich geprägten Gemeinwesens. Dazu Prachtstraßen die im Nirgendwo dörflicher Misthaufen endeten. Und mittendrin das Siegestor als monumentales Zitat eines antiken Triumphbogens, der einem römischen Imperator zur Ehre gereicht hätte. Nur war Ludwig I. weder Weltenherrscher, noch hatte der Glückliche in seiner Regierungszeit irgendeinen Krieg gegen fremde Mächte auszufechten. Er pflegte allenfalls ein hochtrabendes Ziel. Aus München sollte – so ein überlieferter Ausspruch – eine Stadt werden, die man zu besuchen hatte, wollte man Deutschland kennen lernen. Und dazu gehörte nun mal ein triumphales, von einer Quadriga bekröntes Eingangstor, wie im alten Rom oder im modernen Paris. Besonderheit allerdings: Nicht Pferde zogen den bronzenen Triumphwagen, sondern, wie könnte es auch anders sein, aus dem Wappen des Königs entsprungene Löwen. Eine ortsansässige Brauerei übernahm das raubtierbespannte Gefährt denn auch umgehend als Werbeträger und sorgte so für die schnelle Popularisierung des neuen Baudenkmals. Das Siegestor, ein ziviler Triumphbogen, der den Münchnern im Lauf der Zeit richtig ans Herz gewachsen war.

Bis die Bombennächte des Zweiten Weltkriegs kamen. Bei einem der schweren Angriffe im Juli 1944 fiel ein Sprengsatz in das geziegelte Obergeschoss des Bauwerks und zermalmte dabei das bronzene Bildwerk. Lange stand das Siegestor als Ruine. Der Wiederaufbau zog sich bis ins Jahr 1957. Aber noch viel länger dauerte es, bis die wenigen erhaltenen Teile der Quadriga in eine Rekonstruktion eingefügt und 1972 als Bekrönung wieder auf den Torbau gehievt werden konnten. Schon in den Neunzigern stand freilich eine erste Sanierung an. Die Figurengruppe kam dafür ins Stadtmuseum und konnte bei der Gelegenheit von der Bevölkerung erstmals aus der Nähe betrachtet werden.

Diese Chance nahm damals auch das Ehepaar Kieck wahr. Mit gutem Grund: Schließlich war die Familie mit der Quadriga seit Jahrzehnten durch einen unvergesslichen Schicksalsschlag verbunden. In einer der Bombennächte, der auch die Bronzeplastik zum Opfer gefallen war, hatten sie alles verloren, erzählt die heute 83-jährige Gunda Gallenmüller, verheiratete Kieck. Die Familie wohnte damals in der Rheinbergerstraße. In der Frühe nach einem der Angriffe standen von ihrem Wohnhaus nur noch ein paar Außenmauern. Oben im vierten Stock, wo die Familie gelebt hatte, hing als einziges Relikt der Ofen aus der Wand. Um die Katastrophe freilich komplett zu machen, war in der gleichen Nacht auch die Installateurswerkstatt des Vaters in der Amalienstraße getroffen worden. Alles dem Erdboden gleich, keine Existenzgrundlage mehr, statt dessen Rauch, Ruinen, Schuttberge. Man kann sich den Gefühlszustand des Handwerksmeisters und Familienvaters Valentin Gallenmüller ausmalen. Irgendetwas scheint ihn damals in seiner Verzweiflung Richtung Schwabing getrieben zu haben. Gunda selbst war nicht dabei, nur die inzwischen verstorbene Schwester. Jedenfalls entdeckten die beiden auf ihrem Weg in einem der hoch aufgeschichteten Trümmerberge eine seltsam gerundete Form. Bei näherem Hinsehen entpuppte sich der Fund als Bruchstück des Lorbeerkranzes, der einstmals das Haupt der von Löwen gezogenen Bavaria bekränzt hatte. Dem alteingesessenen Münchner muss das in dem Augenblick wie ein Wink des Schicksals erschienen sein. Jedenfalls begann er zu graben, entdeckte noch ein zweites größeres Stück und schleppte die beiden schweren Bronzeteile mühsam mit sich fort.

Zu liegen kamen sie wenig später am Rande eines kleinen betonierten Teiches in einem großen Garten mit Holzhütte in Icking unweit des Starnberger Sees. Das Grundstück hatte der Vater dereinst als Schwerverwundeter des Ersten Weltkrieges vom Staat zu günstigen Bedingungen erwerben können. Ein Glücksfall. Denn nunmehr diente die ländliche Idylle als rettendes Refugium. Das kleine Holzhäuschen wurde Zug

um Zug erweitert. Immer, wenn einer der Schwiegersöhne aus dem Krieg heimkehrte, folgte ein neuer Anbau. Irgendwann war aus dem einfachen Geräteschuppen ein richtiger Familiensitz geworden. Nur eines blieb immer gleich: Der Zierteich mit dem zerbrochenen Lorbeer am Rand. Das sei das einzige, soll der Vater immer betont haben, was ihm der Krieg von allem übrig gelassen habe, was er früher in München aufgebaut hatte. Der emotionalen Bedeutung dieses Familienschatzes angemessen, übereignete Valentin Gallenmüller denn auch vor seinem Tod noch jeweils eines der Bruchstücke den beiden Schwiegersöhnen. Der zersprengte Lorbeerkranz der Quadriga sollte auf die Nachkommen übergehen.

Was wohl auch so geschehen wäre, hätten es Schwiegersohn Johann und Tochter Gunda nicht vor fast zehn Jahren zur sanierungsbedürftigen Quadriga ins Münchner Stadtmuseum getrieben. Damals beschloss das Ehepaar, wenigstens einen Teil des Lorbeerkranzes den städtischen Sammlungen zu übergeben. Das andere Stück, so Johann Kieck, liegt wahrscheinlich noch in Icking, wo mittlerweile eine der Nichten neu gebaut hat. Aber auch ohne das zweite, angeblich größere Stück haben die Kiecks dem Stadtmuseum mit diesem Geschenk einen wichtigen Anstoß gegeben. Als man zu überlegen begann, wie man im Museum den 60. Jahrestag des Kriegsendes begehen würde, erinnerte man sich der beiden Eheleute in der Hoffnung, auch andere Zeitzeugen dazu bewegen zu können, Erinnerungsstücke hervorzukramen. Das kleine, aber schwere Stück Lorbeer vom Kranz der Siegestor-Bavaria lag dabei von Anfang an als symbolträchtige Animation in einer der Vitrinen der Eingangshalle des Museums.

Christoph Wiedemann

Ein Liebhaber der Oper

Johann Erber fotografierte das Nationaltheater im Zustand der Zerstörung

Manchmal muss sich Johann Erber wie ein Detektiv gefühlt haben. Oder wie ein Journalist auf der Suche nach einer schönen Geschichte. Besonders dann, wenn es ihm gelungen war, verbotene Wege zu gehen. Wege, die nicht für jedermann zugänglich waren. Nein, Johann Erber (1897 bis 1987) war kein Paparazzo, aber ein leidenschaftlicher Fotograf, der für ein interessantes Motiv auch mal etwas riskierte. Der Drang, etwas zu entdecken, muss bei Erber jedenfalls größer gewesen sein als Vorsicht oder Zurückhaltung. Da ist sich Marianne Spannrad ganz sicher. „Mein Vater war ein Bazi. Das war er schon immer. Er hat das gemacht, was ihm Spaß machte. Und was er sich in den Kopf gesetzt hat, das hat er auch bekommen." Seine Leica zum Beispiel. Die kaufte der Münchner Elektriker 1936, in einer Zeit, in der jeder Pfennig zweimal umgedreht wurde. „Mein Vater konnte nicht anders", sagt die Tochter. „Er hat schon immer fotografiert. Die Kamera, sie gehörte einfach zu ihm dazu." Heute fotografiert Marianne Spannrad mit der gleichen Leidenschaft wie ihr Vater. Viele dicke Fotoalben stehen im Regal und viele Diamagazine.

Gespenstisch sieht er aus dieser riesige Raum. Das, was die Bomben des 3. Oktober 1943 vom Nationaltheater übrig gelassen hatten, ist nur eine zerbrechliche Hülle, durch die Tageslicht dringt. Überall Schutt, Staub, Ruß. Roter Samt, vergoldete Schnörkel, großer Vorhang? Alles verschwunden. Vom Feuer gefressen.

Das Foto ist eines von unzähligen Bildern, die Johann Erber auf seinen Kamera-Streifzügen durch seine Heimatstadt München machte. „Wir Kinder haben diese Fotos sehr oft vom Vater gezeigt bekommen. Am Ende kannte ich die meisten Bilder in- und auswendig", erinnert sich Tochter Marianne. Auch müssen Johann Erber seine Bilder sehr viel bedeutet haben. Denn als er seine Familie zum Schutz vor den Bombardements in den Jahren 1943 bis 1944 nach Nußdorf am Inn schickte, gab er seiner Tochter einige Diamagazine mit – zur Sicherheit.

Gespenstisch sieht er aus, dieser riesige, große Raum. Das Dia zeigt den komplett zerstörten Bühnenraum der Oper. „Seiner Oper", wie Erber oft gesagt haben muss. Der Wagner-Fan fotografierte das Gebäude von innen und außen, in guten wie in schlechten Zeiten, und begleitete mit seinen Bildern den Wiederaufbau des Nationaltheaters, nachdem er 1946 aus französischer Gefangenschaft wieder in die Heimat, nach München, zurückgekehrt war. Wie er jedes Mal in das Gebäude hineinkam, auch später, das kann seine Tochter nur vermuten. „Rein durfte man in die Ruine natürlich nicht. Das war verdammt gefährlich. Wegen der Einsturzgefahr. Aber mein Vater hat sicher mit den Bauleuten Kontakt aufgenommen. Die haben ihn dann reingelassen, nichts gesagt." Keiner hat etwas gesagt, wohl auch dann nicht, als Erber mit der Kamera waghalsig auf den Baugerüsten herumkletterte, ein Bild nach dem anderen schoss.

Vom Lüster. Unzählige Lampen, unzählige Kristallsteine. Der Mann, der gerade neue Glühbirnen in die Fassungen hineinschraubt, wirkt verloren inmitten der wuchtigen Konstruktion aus Messing und böhmischem Glas. Johann Erber muss mitten auf der Bühne gestanden sein, um dieses Foto zu machen. „Von der Oper wusste mein Vater alles", erinnert sich Marianne Spannrad. „Er hatte auch alle technischen Daten drauf. Zum Beispiel wusste er ganz genau, wie viel dieser riesige Lüster wog." 3 600 Kilogramm ist der sieben Meter hohe Kronleuchter schwer, hat einen Durchmesser von sechs Metern und besteht aus 70 000 Einzelteilen.

Die Fotos, die Erber damals aus Spaß machte, sind heute eine Dokumentation mit Seltenheitswert. Ein Bild, das den alten Bühnenvorhang der Oper vor dem Krieg zeigte, soll, so glaubt sich Marianne Spannrad zu erinnern, beim Wiederaufbau sogar geholfen haben, den neuen roten Samtvorhang zu rekonstruieren – vor allem, was die Farbauswahl des Stoffes betraf.

An diese Geschichte kann sich der 78-jährige Hans Heid allerdings nicht mehr erinnern. Als Planungsleiter für den Wiederaufbau des Münchner Nationaltheaters weiß er heute noch jede Einzelheit des Projekts aus dem Eff-Eff. „Ich hatte als bildliche Vorlage nur eine kleine Büchse mit ungefähr 15 alten Dias von der Oper, die mir mein damaliger Chef, Karl Fischer, überließ. Vielleicht war da ja eines von Erbers Bildern mit dabei." In seiner Zeichnung zum neuen Vorhang habe er sich, so erzählt Heid, in erster Linie auf alte Zeichnungen von Leo von Klenze gestützt. Regierungsbaudirektor Karl Fischer habe damals nur einen Wunsch gehabt: „Herr Heid, machen sie große Kränze drauf, sagte er. Das habe ich dann auch gemacht." Heid beginnt zu erzählen. Immer schneller, immer intensiver. Je mehr er spricht, umso deutlicher wird, wie sehr der Wiederaufbau des Nationaltheaters sein Leben geprägt hat.

Hobby-Fotograf Johann Erber, der in der Oper mit seiner Kamera ein- und ausging, und Planungsleiter Hans Heid sind sich wohl niemals begegnet. Und wenn, dann wussten sie nichts voneinander. Aber die Liebe zum Nationaltheater eint sie – auch noch lange nach dem Krieg. Als die Bayerische Staatsoper 1963 wiedereröffnet wurde, waren mit Sicherheit beide glücklich. „Am Abend vor der Eröffnung stand ich allein in der Galerie und schaute auf das, was unser Team geschafft hatte. Da legte der Tontechniker das Vorspiel zu La Traviata auf – es war zum Heulen schön", erinnert sich Heid, und ein leichtes Zittern in seiner Stimme verrät, dass er diesen Augenblick bis heute nicht vergessen hat. Zur Eröffnung am 21. November 1963 waren beide Männer in ihrer Oper: Hans Heid im Hintergrund und Johann Erber – wie sollte es anders sein – mit der Kamera in der Hand. Die Dias, die Erber von diesem Abend schoss, sind historische Dokumente. Dokumente einer für München versöhnlich endenden Nachkriegsgeschichte. *Nicole Graner*

Ein Bild des Hoffens auf Befreiung

Vera Löw kam mit einem Relief aus dem Konzentrationslager Theresienstadt zurück

Zwei geöffnete Torflügel geben den Blick frei auf eine Landstraße. Darauf eine Frau, ein Bündel auf dem Rücken. Ein Ortsschild weist auf eine Stadt. Es ist ein Relief mit Toren, die man öffnen und schließen kann, 20 mal 30 Zentimeter groß vielleicht, so groß wie ein Blatt Briefpapier, für Vera Löw so groß wie die ganze Hoffnung ihres Lebens.

Eine sehr kleine Person muss sie gewesen sein, diese Vera Löw, mit einem gigantischen Willen zum Leben. So schildert sie ihr Neffe Peter Hopfinger. Eigentlich sei er ja nur ein entfernter Neffe mütterlicherseits, sagt er und beginnt, die Verzahnungen seiner Familie mit jener der Löws zu erklären – um dann doch abzubrechen. Die Menschen, von denen er spricht, sind alle tot. Peter Hopfinger ist der Erbe der Vera Löw, also auch der Erbe jenes Reliefs, das die Tante immer neben ihrer Eingangstür hängen hatte. Und wehe, die Putzfrau hätte es gewagt, die beiden Tore zu schließen. Auf deren Außenseite ist Stacheldraht angedeutet, der Stacheldraht des Konzentrationslagers Theresienstadt. Das Relief stellt die Tore des Lagers dar. „Es erzählt von der Hoffnung", sagt Peter Hopfinger. Ein Lager-Häftling hat es gefertigt, irgendwann in den Jahren '43 oder '44, „in einer Zeit also, in der jede Hoffnung auf Befreiung noch weit war". Vera Löw hat das Holzrelief mitgenommen, als sie Theresienstadt, 60 Kilometer von Prag entfernt, bei Kriegsende verließ. Es war das einzige, was sie mitnahm.

Peter Hopfinger trägt einen Umschlag unter dem Arm, als er kommt, um von seiner Tante zu erzählen. Sie hatte in der Nachbarschaft seiner Großeltern gelebt, so wie viele andere aus der Verwandtschaft, bevor die Nationalsozialisten auch Wien endgültig „judenfrei" machen wollten. 1943 wurde Vera nach Theresienstadt deportiert, gemeinsam mit ihrer Mutter, ihrem Mann Maximilian, ihrem Bruder, seiner Frau und deren beiden Kindern, acht und zehn Jahre alt. Peter Hopfingers Eltern hatten Wien dagegen schon 1938 mit einem jüdischen Kindertransport in Richtung England verlassen. „Als mein Vater 1947 zum ersten Mal nach Wien zurückkam, fand er dort nur noch Tante Vera." Der Rest der Familie hatte nicht überlebt, war aus Theresienstadt weitergeschickt worden nach Auschwitz. „Ich habe meinem Sohn einen Stammbaum der Familie gezeichnet. Es zieht sich ein leerer Balken quer über das Blatt. Zwei Generationen sind komplett ausgelöscht." Darunter auch Peter Hopfingers Großeltern, der Großvater war der erste, der verhaftet wurde, 1938. Er starb fünf Jahre später im Lager Buchenwald an Herzversagen. Vater Hopfinger, damals noch keine 20 Jahre alt, hatte Glück und durfte den jüngeren, etwas kränklichen Bruder nach London begleiten.

Es sind zwei Fotos, die Hopfinger aus seinem Umschlag zieht. Vera Löw war eine attraktive Frau, nicht zu zierlich. Anfang 30 wird sie gewesen sein auf dem älteren Foto, das sie mit den Eltern und dem Bruder zeigt. Dunkle Haare, dunkle Augen, die Eltern gut gekleidet, eine wohlhabende jüdische Familie. Jüdisch? „Es waren alles assimilierte Familien", erklärt Hopfinger, „das war das Vertrackte, in diese Falle sind viele gegangen, sie dachten, ‚wir sind doch deutsch'." Veras Vater und der eigene Großvater dienten im Ersten Weltkrieg in der österreichischen Armee. Als 1938, nach der Reichspogromnacht, sein Großvater ins KZ kam, habe man begriffen, wie ernst die Lage war und die Kinder weggeschickt, sagt Hopfinger. Vera Löws Familie aber blieb.

Das zweite Foto zeigt Vera Löw im Jahr 1975, mit 73 Jahren. Ein kraftvolles Gesicht, schlohweiße Haare, aus den blitzenden Augen spricht Lebensenergie, keine Resignation, „obwohl sie im Alter ein bisschen zynisch geworden ist, leider". Peter Hopfinger hat das Foto selber geschossen, fünf Jahre, nachdem er seine Tante wirklich kennen gelernt hatte.

1945 in London geboren, hatte es ihn zum Studium und später aus beruflichen Gründen nach Deutschland gezogen. Warum gerade Deutschland? Hatte nicht sein Onkel, jener jüngere Bruder des Vaters, bis zu seinem 70. Lebensjahr komplett verdrängt, wo er herkam? Begann er doch Erzählungen seiner Lebensgeschichte immer erst mit jener Zeit, in der er 14 Jahre alt und sicher im englischen Coventry war. Hopfingers Antwort: „Für mich als Autoingenieur war Deutschland das Nonplusultra und München die Stadt der ersten Wahl."

Zwischen den Zeilen schwingt ein „und überhaupt". In München ist er geblieben, hat sich so etwas wie eine Heimat geschaffen, später die Tochter einer Flüchtlingsfamilie aus Ostpreußen geheiratet. „Die Menschen finden sich nicht von ungefähr", sagt er. „Ich habe mich in England immer wie ein Außenseiter gefühlt." Heimisch fühlte er sich eher dort, wo man Deutsch sprach. Hopfinger macht wieder eine Pause, eine jener Pausen, die Platz lassen, seinen Sätzen nachzuspüren. Dann erzählt er weiter von seiner Tante Vera.

1945, aus dem Lager heimgekehrt, fand sie sich enteignet, ihr Haus an einen Nazi verkauft. Zehn Jahre lang mühte sie sich, ihr Recht zu bekommen. „Ich hab' die Unterlagen alle zu Hause", sagt ihr Neffe. Und sie schaffte es, sich das Haus zurückzuholen, so wie sie es geschafft hatte, als Helferin in einer Säuglingsküche Theresienstadts zu überleben. Wer dort zu viel war, wer nicht zur Fassade des Lagers passte, das die Nazis aufgebaut hatten für die Beobachter des Roten Kreuzes (die ja nur in Vorzeigelagern zugelassen wurden), wer zu alt war, zu schwach, zu krank, wurde aussortiert. Eine Weile hatte es Vera dennoch geschafft, wenigstens die Mutter zu beschützen. „Es war nicht leicht für sie, davon zu erzählen", erinnert sich Hopfinger. Aber nach einem Opernbesuch mit dem Neffen, nach ein, zwei Gläsern Wein hatte sie es dann doch getan. „Sie erzählte und erzählte, immer wieder, immer wieder die gleichen Geschichten." Von der Milch, die sie für die Säuglinge aus Pulver mischen musste, von den schmerzenden Knöcheln in den Holzpantinen und vom Schmerz um die Mutter, die sie im Transporter nach Auschwitz verschwinden sah. „Manchmal ertappe ich mich selbst dabei zu fragen, ob das wirklich stattgefunden hat. Waren die Menschen wirklich so brutal?"

„Prag, 60 Kilometer" steht auf dem Schild, das aus jener Holzplatte herausgebrannt worden ist, die Vera als einziges Stück aus dem Lager schleppte. Vielleicht ist sie die 60 Kilometer tatsächlich zu Fuß gegangen, am Tag, als sie Theresienstadt verlassen durfte. Ihr Neffe Peter hat für das Relief einen Platz auf seinem Schreibtisch frei geräumt. „Es steht für die Hoffnung. Und es soll daran erinnern, was geschehen ist."

Alexandra Leuthner

Pass-Foto
RINDERMARKT 10
SV-180
BOTS
Bavarian Translation Service
Bayerischer Übersetzungsdienst
Diphtherie-Schutzimpfung
KRIEGSSCHÄDEN
STOCK

Unterwegs auf Gummi und Draht

Wie Richard Schmidt nach dem Krieg Lebensmittel für seine Familie organisierte

Walter Schmidt hält den Reifen schon in der Hand, als er die Tür öffnet. Sofern man dieses merkwürdige, halbwegs runde Gestell mit den scheinbar wild durcheinander stehenden Gummistückchen und dem Draht, der dazwischen hervorlugt, als Reifen bezeichnen kann.

Doch, das kann man durchaus, sagt Schmidt, der über den bass erstaunten Besucher lachen muss: „Eigentlich wollte ich noch eine passende Felge besorgen, damit man sich das besser vorstellen kann. Aber das waren nach dem Krieg solche riesigen Dinger, die werden schon ewig nicht mehr hergestellt." Damals, irgendwann in den ersten Monaten nach Kriegsende, hat Schmidts Vater Richard den eigenartigen Vollgummi-Draht-Reifen konstruiert – aus der Not heraus, natürlich.

Denn Richard Schmidt, geboren 1908 in der Nähe von Tilsit in Ostpreußen, hatte sich Ende des Zweiten Weltkriegs als Soldat von der Ostfront abgesetzt und war in München untergetaucht. Wo genau er gekämpft hatte und wie er desertiert war, „das hat er nie erzählt", sagt sein Sohn, „wie so viele aus seiner Generation". Nach dem Kriegsende zumindest fand sich Schmidt in einer ihm noch weitgehend unbekannten Stadt wieder, in der die Versorgungslage – wie in den meisten größeren, zumeist zerbombten Zentren – katastrophal war.

Als er bald danach seine zukünftige Frau kennen lernte, musste Schmidt immer mehr aus der Stadt heraus auf das Umland ausweichen, um Nahrungsmittel für beide zu „organisieren". Was nichts anderes bedeutete, „als sie irgendwo zu klauen", wie sein Sohn Walter mit einem verschmitzten Grinsen in den Mundwinkeln erklärt. Da aber in der Umgebung von München zunehmend weniger zu holen war, weil Tausende von Stadtbewohnern Tag für Tag zum Organisieren ausschwärmten, war Richard Schmidt gezwungen, immer weitere Strecken zurückzulegen. Bloß wie?

„Die Mobilität war außerordentlich eingeschränkt", erzählt sein Sohn, „der Busverkehr war zusammengebrochen, Autos gab es für Normalsterbliche gar keine. Fahrräder zwar schon, aber es war ein Riesen-Problem, an Luftreifen heranzukommen." Also behalf sich Schmidt senior auf andere Art und Weise: Er zerschnitt einen dicken Gummischlauch in einen Haufen zentimeterdicke Scheiben. Die zog er dann auf einen Draht, dessen Enden fest ineinander verdreht wurden.

Diese Konstruktion wurde schließlich so fest in sich und der Felge verzurrt, bis die Gummischeiben dicht an dicht auf den Draht gepresst waren und der ganze Reifen möglichst stramm saß. Denn, so Walter Schmidt, „je mehr sich Draht und Gummischeiben bewegen konnten, desto holpriger wurde die Fahrt – und desto schneller konnte es passieren, dass der Draht riss oder einzelne Scheiben vom Pflaster zerfetzt wurden".

Der heute abenteuerlich anmutende Behelf funktionierte aber so gut, dass Schmidt senior mit seinem

Fahrrad des öfteren in aller Frühe aufbrach, bis nach Wasserburg radelte, dort seine – selbstverständlich selbstgenähten – Satteltaschen und den Rucksack bei einem befreundeten Bauern füllte, über alles andere als gleichmäßig gepflasterte Straßen zurückstrampelte und spätabends wieder in der Baaderstraße eintraf, wo seine Frau und er wohnten – und später auch Sohn Walter, der 1948 zur Welt kam.

Allerdings war der selbstgebastelte Reifen reichlich störungsanfällig, weshalb Richard Schmidt auf seinen Touren stets eine Tasche mit einem Draht und vor allem mit Ersatz-Scheiben mit sich führte – wenn nur eine Scheibe den Geist aufgab, brach die sorgsam austarierte und verschnürte Konstruktion zusammen, das Fahren wurde so gut wie unmöglich.

Die Reparaturen unterwegs aber müssen allein schon eine elend mühselige Schinderei für Schmidt senior gewesen sein. Sein Sohn schüttelt noch heute mit einer resignierten Fassungslosigkeit den Kopf, wenn er erzählt: „Der Vater ist heil aus dem Krieg gekommen – um fünf Minuten nach Kriegsende seinen Arm zu verlieren." Bei seiner ersten Stelle als Nachtwächter in einer Eisfabrik fasste Richard Schmidt in einem dunklen Raum zwischen zwei Transmissionsriemen, die seinen rechten Unterarm zerquetschten. Obwohl er als Rechtshänder danach auf links umlernen musste und lange Zeit nur über eine primitive Prothese verfügte, war der gelernte Feinmechaniker nicht nur als Radlmechaniker geschickter als viele andere mit zwei Händen.

Später aber, als die Zeiten besser wurden, da ist Richard Schmidt – wie sich sein Sohn erinnert – nie mehr Fahrrad gefahren: „Es war dann wohl doch genug für ihn gewesen." Als erstes motorisiertes Fortbewegungsmittel kam ein NSU-Motorrad ins Haus, es folgten der „Leukoplastbomber" von Lloyd, ein Borgward „Goliath" und der VW Variant – ehe Schmidt 1974 starb. Die Geschichte der Republik ließe sich an ihren Zwei- und Vierrädern gut erzählen.

Das Vollgummi-Ungetüm der ersten Nachkriegsjahre indes war damals offenbar weit verbreitet – als Walter Schmidt vor kurzem eines von zwei erhaltenen Modellen ins Stadtmuseum brachte, saßen dort zwei alte Männer und eine Frau, die den Reifen sofort wieder erkannten. „Mein Gott", sagte einer der Männer entgeistert, „was hätte ich damals darum gegeben, so einen zu haben. Ich musste immer zu Fuß gehen."

Jörg Schallenberg

Der Gestank des Krieges

Ein geborstener Stahlträger erinnert Hildegard Fischer an den Bombenkrieg

Jedes Mal dieses Dilemma, wenn die Bomber kommen. Fenster und Türen offen lassen oder schließen? „Mach alles zu, sonst kommen Einbrecher“, sagt die Mutter und stürmt aus dem Haus. Zum Luftschutzbunker. Sie war schon immer eine ängstliche Frau. Erstaunlich, wie wenig die Tochter von ihrem Wesen geerbt hat, sie bleibt erst mal: „Ach was, Einbrecher.“ Die Sirenen kündigen Kriegsflieger der Alliierten an, aber es dauert immer eine Weile, bis die todbringenden Geschwader München erreichen. Ein Einbrecher? Was könnte der schon anrichten im Vergleich zu den Bomben! Wenn Fenster und Türen zubleiben, werden nur wieder die Scheiben zerspringen, und das Holz wird aus den Zargen bersten. Das junge Fräulein Wersig weiß, dass dem Druck, den eine Bombenexplosion auslöst, nichts standhält. Nicht einmal deutscher Stahl.

Jahrzehnte später hat Hildegard Fischer, geborene Wersig, nicht weit von ihrem Haus in der Alten Heide ein Stück Metall entdeckt. Arbeiter haben es aus einer Schiene herausgeschnitten, die Fräulein Wersigs geliebte Betonbrücke über dem Schwabinger Bach getragen hatte. „Wie oft stand ich am Geländer und träumte die Wellen hinunter, manche Sehnsucht und manchen Liebeskummer habe ich ihnen anvertraut“, schreibt sie in ihren Memoiren an den Steg, der 1934 errichtet wurde und ihre Siedlung mit dem Englischen Garten verband. Da war sie neun.

Und nun dieses Stück Schiene aus Stahl, deutschem Stahl. Es ist verbogen, und ein fausttiefes Loch klafft darin, dessen Ränder aufgebogen und geschnitten sind fast wie die Blütenblätter einer eisernen Blume. Das war die Bombe, die in den Schwabinger Bach fiel an dem Tag im Sommer 1944, an dem auch im Nachbargarten eine Bombe niederging und zwei Häuserzeilen weiter eine Bombe fiel und immer weiter und weiter Detonationen zu hören waren. Nach diesem Bombenhagel war das Dach ihres Hauses wieder einmal abgedeckt, die Mauern wiesen Risse auf, die Giebel waren verschoben. Aber die Fenster und Türen blieben unversehrt, sie waren ja offen.

Hildegard Fischer ist 80. Sie trägt eine Hose, keinen Rock. Wie eine pensionierte Bibliothekarin wirkt sie nicht: Und, tatsächlich, ehe sie einen Handwerker ruft, pflegt sie zu ihrem eigenen Werkzeugkasten zu greifen. Schon damals nach der Bombe hat sie das Dach selbst repariert, ist mit Badeanzug und -haube hinaufgestiegen, um es zu flicken, weil es schüttete wie aus Eimern und ihnen in der Küche der Regen in den Kaffee tropfte. Frau Fischer sagt: „Ich hatte noch nie Angst, und schon gar nicht vorm Tod.“ Dass sie zitterte, als sie allein unter dem betonierten Waschtisch im Keller harrte, bis die Bomber vorübergeflogen waren, sei eine körperliche Reaktion gewesen, aber keine Angst.

Allenfalls im Luftschutzbunker vorne an der Ungererstraße habe sie so etwas wie Beklemmung empfunden. Aber in den Bunker ging sie nur zweimal, es war ihr zu eng, die Nazis hatten ihn für 500 Menschen gebaut, viermal so viele quetschten sich hinein. Frau Fischer lacht auffallend oft, wenn sie erzählt. Erst überlegt sie, dann sagt sie Sachen wie: „Die Verhältnisse waren eher so, dass ich nichts dagegen gehabt hätte, als Engel herumzufliegen, statt als Wesen aus Fleisch und Blut im Keller zu sitzen.“ Dann lacht sie, es ist ein freimütiges Lachen, kein verlegenes, denn ihre Augen lachen mit.

Die ersten Luftangriffe auf München flog die britische Royal Air Force bereits im März 1940, aber erst von August 1942 an wurden sie häufiger. Im Jahr darauf jagten auch Großgeschwader der US Army Air Forces über die Stadt und über die Gebiete in der Peripherie.

Wenn Bomber der Alliierten im Anflug waren, wurde die Bevölkerung erst einmal über den Äther alarmiert: Der Volksempfänger sendete den Ruf des Kuckucks. Kamen die Flieger näher, heulten die Sirenen. Hildegard Fischer hörte den Krieg, sie sah ihn – und sie roch ihn. „Ich hatte den Krieg direkt vor der Nase“, sagt sie. Kaum zweihundert Meter von ihrem Haus entfernt fängt der Nordfriedhof an, dort hoben sie Massengräber aus, 40 Meter lang, vier Meter breit. Die Leichen lagen in notdürftig zusammengenagelten Holzkisten, und in den langen Gruben lag in Zweierreihen Holzkiste an Holzkiste, und wenn eine Reihe mit 80 Holzkisten voll war, kam eine Schicht Chlorkalk drüber, und dann die nächste Reihe, Holzkiste an Holzkiste. Es war Sommer, und es stank nach verfaulendem Fleisch. Der Gestank des Krieges wehte in die Küche der Wersigs.

Nur die Vögel, sagt Hildegard Fischer, haben weitergezwitschert, als ob nichts passiert wäre. Seltsam.

Dort, wo die Bombe die Schiene der alten Brücke verbogen und ein Loch in den Stahl gefräst hat, steht seit drei Jahren ein neuer Steg. Hildegard Fischers Augen ruhen auf dem Wasser, an der Stelle, an der das Geschoss eingeschlagen war und einen mächtigen Trichter ausgehoben hatte. „Diese Wucht, diese Zerstörungskraft – faszinierend. Ob die Leute das heute bedenken, wenn sie Häuser bauen mit so viel Glas?“ Das Stück Metall mit der Scharte habe sie ihren Enkeln gezeigt, um ihnen zu verdeutlichen, was Bomben anrichten können. Allein die jungen Leute interessieren sich nicht für die Geschichten über Zerstörung und Hunger und Elend. Schade? „Hm.“ Frau Fischer lacht.

In ihrer Erinnerung an den Krieg kommt eine Episode vor, in der sie auch lachte. Ihrer Schilderung nach war es aber ein anderes Lachen als je zuvor oder danach. Eher ein hemmungsloses Gackern. Sie erinnert sich, dass es an einem Montag Ende April 1945 aus ihr herausbrach. „Ich war wie irr“, sagt sie. Vom Sonntag war Zwiebackkuchen übrig geblieben, die 20-jährige Hildegard und ihre Mutter deckten den Tisch zum Kaffee. In der Ferne krachte es – die amerikanische Artillerie. Das Krachen kam näher, dann klopfte es an der Haustür. Sie öffnete, zwei amerikanische Soldaten mit Maschinenpistolen traten ein, und als sich die Männer über Muckefuck und Zwiebackkuchen hermachten, prustete sie los vor Glück. „Es war die unglaubliche Erleichterung darüber, dass dieser ganze Hitler-Wahnsinn vorbei war.“

Drei Tage nach den amerikanischen Soldaten traten drei bis auf die Knochen abgemagerte Gestalten vor ihr Gartentor und baten um Unterschlupf. Es waren jüdische KZ-Häftlinge aus Dachau. Einer von ihnen blieb zehn Jahre. *Rudolf Neumaier*

Lachen gegen die Nazigespenster

Dieter Fuss war einer der Pioniere des Münchner Nachkriegs-Kabaretts

Über den Ruinen der Stadt München wölbt sich ein blauer Himmel – ein Hoffnungsschimmer im tristen Hochsommer 1945. Doch inmitten des Trümmerfelds regt sich zaghaft das zarte Pflänzlein Kultur. Am 8. Juli dirigiert Eugen Jochum im Prinzregententheater die Münchner Philharmoniker, aus der Trostlosigkeit erhebt sich die Musik von Mozart und Tschaikowsky. Einige Monate später öffnet im Theater in der Reitmorstraße die „Schaubude". Erich Kästner und der Komponist Edmund Nick geben den Ton an, das deutsche Kabarett lebt wieder. Ursula Herking singt gerade Kästners Marschlied '45: „... wir haben ja den Kopf noch auf dem Hals". Die Menschen springen von den Sitzen auf, umarmen sich, feiern ihre Erlösung.

Dieter Fuss verkehrte oft in der „Schaubude", um Kritiken für die Zeitschrift *Echo der Woche* zu schreiben. In seinem Münchner Wohnzimmer hat der 87-Jährige sein Archiv ausgebreitet, ein faszinierendes Panoptikum des Kulturlebens der frühen Nachkriegsjahre. Ein Programmheft der „Schaubude" vom Frühjahr '46 vermerkt neben Kästner Auftritte von Axel von Ambesser, der später in den Kammerspielen glänzte, Ursula Herking, die mit der Lach- und Schießgesellschaft berühmt wurde, und Margarethe Haagen, der großen Volksschauspielerin. Mit Humor und einer Portion Zynismus versuchten die Kabarettisten, die Nazigespenster endgültig auszutreiben. In den Chansons und Balladen von Trümmerfrauen und Schiebern, von Mitläufern und Tätern, von schuldigen und unschuldigen Opfern ballt sich die Zerrissenheit jener Tage. „Kästner und Co. trafen den Nerv der Zeit", sagt Fuss. Bis 1948 glänzte die „Schaubude", dann war Schluss. Nach der Währungsreform wuchsen die materiellen Bedürfnisse, die geistigen gerieten ins Abseits.

Die alten Schriftstücke rufen tausend Erinnerungen wach. „Die Vorstellungen im Kabarett und in den Theatern begannen bereits um 17.30 Uhr", erzählt Fuss. „Man musste ja wegen der unsicheren Lage vor der Dunkelheit wieder zu Hause sein." Fuss war einer der ersten deutschen Journalisten, die mit Zustimmung der Amerikaner wieder in ihrem Beruf arbeiten durften. „1945/46 gab es nicht mehr viele Journalisten, die meisten älteren Kollegen waren belastet."

Schon als Berliner Schulbub hatte Fuss davon geträumt, Journalist zu werden. Erste Annäherungsversuche an die Filmdiven Marlene Dietrich und Leni Riefenstahl scheiterten allerdings. Beide Damen wohnten damals im selben Haus in Wilmersdorf: „Ich klingelte, aber leider öffneten sie nicht." Davon unbeeindruckt, nahm Fuss das Studium der Zeitungswissenschaft auf. Nach wenigen Semestern rief ihn der Krieg. Soldatisch eher unangepasst, gründete er eine Frontbühne mit Stepptänzern, Sängern und Musikanten. Den Offizieren war er nicht geheuer. „Einer schickte mich an die vorderste Front, um mich loszuwerden. Als ich zurückkam, starrte er mich an wie einen Geist." 1942, während eines Studienurlaubs, bestärkte ihn ein Professor: „Arbeiten Sie journalistisch, wer weiß, wie der Krieg ausgeht." Beim Deutschen Nachrichten Büro (DNB) begann Fuss eine Schriftleiter-Ausbildung. Sein erstes Interview führte er mit Olga Tschechowa. „Gnädige Frau, es ist mein erstes Interview", sagte Fuss. „Ach Jungchen, das kriegen wir schon hin", antwortete sie. Und Fuss verdiente sich seine ersten journalistischen Meriten.

Zurück in Frankreich, flüchtete Fuss 1943 zu den Amerikanern. Es war ein Wagnis, das sich auszahlte. Seine Englischkenntnisse erwiesen sich als unbezahlbar. „Ich wurde in den großen Lagern als Dolmetscher eingesetzt." Für Fuss war der Weg in die Gefangenschaft ein Weg in die Freiheit. Er durfte arbeiten, die Amerikaner behandelten ihn so gut, dass seine Mutter bei seiner Rückkehr nicht glauben konnte, „dass ich aus der Gefangenschaft kam".

Im Juni '46 durfte Fuss das Lager in Frankreich verlassen, damit er in Deutschland beim Aufbau des Pressewesens mithelfen konnte. In München unterzogen ihn die Amerikaner einem scharfen Verhör. Nur Kandidaten, die dieses Clearing-Verfahren überstanden, konnten auf eine Anstellung hoffen. Sowohl der Weiß Ferdl als auch Ufa-Star Ilse Werner fielen zunächst durch. Fuss legte seinen Schriftleiter-Ausweis vor, in dem weder eine Zugehörigkeit zur NSDAP noch zur

Hitler-Jugend vermerkt waren. Der zuständige Clearing-Offizier rief den Chefredakteur von Radio München, Felix Buttersack, an und sagte: „Den Fuss müssen Sie nehmen."

Der von den Amerikanern kontrollierte Sender hatte gleich nach Kriegsende seinen Betrieb aufgenommen. 400 Deutsche arbeiteten dort, beaufsichtigt von sieben amerikanischen Kontrolloffizieren. Fünfmal täglich wurden Nachrichten produziert, die Kommentare sprachen die Amerikaner selber. Der Programmauftrag lautete: Umerziehung der Deutschen zu Demokraten. Mehrmals am Tag wurde „Die Stimme Amerikas" gesendet, zweimal täglich Prozessberichte aus Nürnberg. Dieter Fuss stieg zum ersten deutschen Nachrichtenchef bei Radio München auf, das 1949 im Bayerischen Rundfunk aufging. „Wir haben viel gelernt von den Amerikanern", sagt Fuss, der auch die erste Pressestelle im Sender aufbaute.

Die Tätigkeit bei Radio München hinderte ihn jedoch nicht, für einige Blätter zu schreiben und auch selber aufzutreten. Fuss war äußerst vielseitig. Gerne parodierte er Prominente, wie am 30. April 1948, im Circus Krone, wo er an einer Benefizveranstaltung für Kriegsgefangene aus Russland mitwirkte. Einmal nahm er Lale Andersen aufs Korn, die vor ihm in der ersten Reihe saß und völlig entsetzt reagierte. Nach der Vorstellung fauchte sie: „Ich finde das empörend." Nur mit Mühe war die gnädige Frau zu besänftigen. Fuss machte sie dann noch darauf aufmerksam, dass er sie bei den Dreharbeiten für einen Nazifilm anno 1943 interviewt habe. „Das aber wollte sie nun gar nicht hören."

1950 schied Dieter Fuss aus dem Rundfunk aus, um in Paris als Korrespondent für den European News Service der Amerikaner zu arbeiten. Später wechselte er nach Bonn, wo er Entwicklungshilfeprojekte publizistisch aufbereitete. Außerdem drehte er Dokumentarfilme. Das größte Lob aber erhielt er als Parodist. Bei einem Auftritt von Fuss während des Krieges weilte der große Werner Finck, der damals Auftrittsverbot hatte, unter den Zuschauern. Fuss war nervös. Nach dem Auftritt aber sagte Finck: „Solange es einen Dieter Fuss gibt, ist meine Nachfolge gesichert."

Hans Kratzer

Grünes Münchner Leuchten

Thilde Gruber und ihr Kerzenleuchter aus dem Kupferdach der Frauenkirche

Die mächtige Kuppel auf dem achteckigen Felsendom oder „Tempel Salomons" muss die Besucher Jerusalems einst nachhaltig beeindruckt haben. Sie ist in der berühmten Weltchronik des Nürnberger Humanisten Hartmann Schedel abgebildet und inspirierte den Dombaumeister Jörg von Halspach („Meister Jörg") bei seinen Plänen für die Münchner Frauenkirche. 1468 hatte Herzog Sigismund von Bayern auf den Fundamenten der alten Basilika den Grundstein für das Meisterwerk der späten Backsteingotik gelegt. Doch es dauerte mehr als ein halbes Jahrhundert, bis den 99 und 100 Meter hohen Zwillingstürmen die charakteristischen Halbkugeln mit Zwiebelspitze aufgesetzt werden konnten, die kupfernen „Welschen Hauben". Wie ihr Jerusalemer Vorbild ruhten sie auf so genannten Tamboursockeln, und das über vierhundert Jahre lang – von 1525 bis zu den Bombenangriffen auf München zwischen 1943 und 1945. Im Lauf der Jahrhunderte nahmen die Welschen Hauben jenen lichtgrünen Patina-Schimmer an, der zum weithin sichtbaren Wahrzeichen der Stadt wurde.

Leicht gewölbt wie eine Dachpfanne, 32 Zentimeter lang und am oberen Rand gut 16 Zentimeter breit ist das keilförmige Kupferblech, das Thilde Gruber vorsichtig aus einer Plastikfolie wickelt und auf einen Tisch im Münchner Stadtmuseum legt. Damit kehrt das Fundstück nach Jahrzehnten zum Arbeitsplatz seines einstigen Entdeckers Ludwig Krafft zurück, wovon noch zu sprechen sein wird. In das urtümliche, recht grobe Stück Metall ist eine gezackte, halbrunde Halterung eingearbeitet, in der eine rote Kerze mit Bayernwappen steckt, die ebenfalls recht antik wirkt. Den oberen Teil des Objekts ziert eine ganz besondere Trouvaille: ein handgeschmiedeter, leicht gebogener und etwa sechs Zentimeter langer Nagel. Thilde Grubers Vater Benedikt brachte 1979 folgende Beschreibung an seinem historischen Kerzenleuchter an: „Dieses Stück Kupferblech stammt von einer der ‚Welschen Hauben' der Frauenkirche. Als Geschenk brachte es mir Ludwig Krafft, der das Blechstück unter den Trümmern der im Krieg 1944 zerstörten Kirche fand. Die Welschen Hauben wurden 1525 den Frauentürmen aufgesetzt, befestigt mit handgeschmiedeten Nägeln. Ein Spengler machte mir daraus dies."

Im März 1943 hatte die Frauenkirche durch eine in der Nähe explodierte Luftmine einen ersten schweren Schlag erlitten. In der Nacht zum 22. November wurde das linke Seitenschiff aufgerissen, so dass ein Teil des Gewölbes barst. Die schlimmsten Zerstörungen erfuhr der Dom im Januar 1945, als Brandbomben unter anderem den von Moritz von Schwind gestalteten Hochaltar vernichteten. Die Welschen Hauben aber, erinnert sich Thilde Gruber, waren schon im Sommer 1944 „einfach weg". Ludwig Krafft, als Freund ihres Vaters von ihr „Onkel Lux" genannt, müsse das herausgebrochene Stück gleich nach der Bombardierung gefunden und aufbewahrt haben: „Damals lag ja viel herum, aber so ein Stück intensiv mit Patina bedecktes Blech, circa 30 Zentimeter groß, das ist schon auffallend. Es lag am Fuß der Frauenkirche, und dadurch war ganz eindeutig, wo es her war." Thilde Gruber, Jahrgang 1931, erlebte die Kriegszeit bis zu ihrer Evakuierung nach Bad Tölz in einer Atelierwohnung am Beethovenplatz, die über 114 Stufen zu erreichen war: „Da habe ich meine Kondition her." Als sie 1957 heiratete, verließ sie das Haus, in dem heute die Verwertungsgesellschaft Wort residiert.

Die Geschichte des patinierten Kerzenleuchters ist vor allem die einer Freundschaft. Es geht um zwei ungewöhnliche Urmünchner Pioniere, die beide bei den „Turmschreibern" mitwirkten. Der 1897 geborene Benedikt Gruber war nach Auskunft seiner Tochter ein sehr guter Lehrer. Als junger Mann verfasste er ein Lehrbuch für die Gesellen- und Meisterprüfung im Elektrohandwerk, das bis in die achtziger Jahre hinein immer wieder aufgelegt wurde: „7 Formeln genügen im Elektrohandwerk". Der griffige Titel des Standardwerks ging auf seinen Schöpfer über: Er wurde als „Sieben-Formeln-Gruber" berühmt, wie Thilde Gruber schmunzelnd erzählt. Gruber und der vier Jahre jüngere Ludwig Krafft hatten sich in den dreißiger Jahren bei den Stadtwerken kennengelernt, wo Krafft als

Verwaltungsinspektor arbeitete. Später kam er als „völlig unbürokratischer Außenseiter", so seine Selbstauskunft, zum Kulturamt und damit zum Stadtmuseum. Hier begann er mit dem Aufbau der Puppentheatersammlung – voller Elan und mit ungewöhnlichen Mitteln wie Spontanflügen nach Berlin, um Sammler zu treffen, und einem schokoladenbraunen Horch-Achtzylinder als Dienstwagen. Die Kollektion wurde im Dezember 1940 gegründet und genießt bis heute Weltruhm, was Kraffts Tochter Barbara 1979 in einem ebenso respektvollen wie vergnüglichen Abriss schilderte (Schriftenreihe des Münchner Puppentheatermuseums, Band 1). Krafft leitete die Abteilung bis zu seiner Pensionierung 1966; er starb 1977.

Thilde Gruber erinnert sich, dass Ludwig Krafft von ihrem Vater gelegentlich Geld für Puppenankäufe lieh. Die Sicherung der einmaligen Sammlung bedeutete im Zweiten Weltkrieg eine logistische Meisterleistung, da ständig Verluste drohten. Einmal, schreibt Barbara Krafft, verbrannte bei einem Bombenangriff direkt vor dem Theatermuseum am Hofgarten ein großes historisches Marinetheater aus Magdeburg, das bereits auf den Bergungswagen verladen war.

Als „Onkel Lux" das Kupferblech aus den Hauben der Frauenkirche 1946 bei Familie Gruber vorbeibrachte, sei „furchtbar viel darüber geredet worden, den Fund ja nicht zu stark zu bearbeiten und damit zu verändern". Thilde Gruber, die Musik studiert hat, ist eine gefragte Zeitzeugin: Unter anderem gewann sie 1992 den Münchner Geschichtswettbewerb und berichtete 2001 in der *Süddeutschen Zeitung* in der Reihe „Kindheit 1939" über ihre Erlebnisse.

Doch mit Blick auf den Kerzenleuchter sagt die Nachfahrin einer alteingesessenen Münchner Buchbinder-Dynastie in aller Bescheidenheit: „Ich sehe mich hauptsächlich als Tochter außergewöhnlicher Eltern, die damals schon emanzipiert waren, obwohl es das Wort noch gar nicht gab. Vor allem im Hinblick auf das Ausstellungsstück finde ich es bemerkenswert, dass meine Eltern erkannt haben, wie wertvoll und geschichtsträchtig dieses Stück Kupfer ist. Andere hätten es sicher zum Schrotthändler gebracht."

Katrin Hillgruber

DR
Brit-US-Zone
München
92966
G

25 km

Soziale Si
CHERT UNS
ZUKUNFT! DARU
LANVOLLE W
GEGEN
UND
Uns
ELFEN
WIR FORDERN VOLLE MITBESTIMM
UNSERM LEBEN SINN UND INHAL
VÖLKERN DER WELT

Wir fordern!
herheit in Frieden und Freih
HÄNDE
Butter statt Kanonen!
NG, UM
GEBEN

1-3000
Kasse 4
68
3001-10000
Kasse 3
Ausgang

Arbeitslose
Eintritt frei
Eintrittspreis
1,25 DM
Programmpreis
0,20 DM

Die Zukunft bleibt ungewiss

Warum ein Erfinder aus Nymphenburg bis in die sechziger Jahre hinein Notrationen hortete

Als der Krieg aus war, begann der Erfinder damit, die alte Holzkiste wieder zu füllen. Er packte alles hinein, was die Familie vielleicht einmal zum Überleben brauchen könnte. Büchsen mit Wiener Zwiebelfleisch von Englert. Rohen Kaffee. Emmentaler Schmelzkäse in einer silbernen Tube. Die Kiste schloss er ab, den Schlüssel steckte er weg, nur seine Frau wusste außer ihm, wohin. Er hat zwei Kriege überlebt. Im ersten war er Soldat in Frankreich gewesen. Während des zweiten hat er versucht, seine Erfindung zu verkaufen. Über keinen der Kriege wollte er sprechen. Aber in die große Holzkiste, die über Jahrzehnte im Keller des Hauses am Hirschgarten stand, hat er fast bis zu seinem Tod 1973 sorgfältig Flasche auf Flasche, Büchse auf Büchse gelegt. Als er tot war, wusste keiner mehr, wo der Erfinder den Schlüssel gelassen hatte. Seine Frau war lange vor ihm gestorben.

Mehr als dreißig Jahre später beginnt der Enkel, das Haus zu renovieren. Ein schmales schönes altes Haus in einer stillen Straße in Nymphenburg, 1912 gebaut und seitdem nicht mehr instand gesetzt. Aber es ist ein stabiles Haus immerhin, mit dicken Mauern im Keller, die vielen Menschen Schutz vor den Bombenangriffen boten. Im März 1943 saß der Erfinder mit seiner Familie hier unten, wo Rolf B. jetzt seine Umzugskisten stehen hat. „Wenn man die Bombe hört, ist sie schon irgendwo eingeschlagen", hatte der Erfinder seinen Töchtern damals gesagt, die nach dem sirrenden Geräusch von draußen fragten. Und er hat gewusst, in welchem der Kellerräume die Mauern besonders dick und schützend waren. Ein Jahr später ist tatsächlich eine Brandbombe in eines der oberen Stockwerke geschlagen. Sie hat den Waschtisch zertrümmert, ist aber nicht hochgegangen. „Sonst hätte hier in der Straße kein einziges Haus mehr gestanden."

Rolf B., der Enkel des Erfinders, hat im Sommer des vergangenen Jahres beschlossen, mit seiner Frau Conny in das alte Haus zu ziehen. „Dass die alte Kiste da unten stand, hab ich gewusst", sagt er, aber interessiert hat ihn das bis dahin nicht besonders. Jeder in der Familie wusste, dass es das Ding gab. Irgendwann hat Rolf B. unter einem Berg von Schlüsseln den richtigen für die Kiste des Erfinders gefunden. Es hat ein bisschen gedauert, bis das eingerostete Schloss aufging. Dann der Schatz: Schweineschmalz und Trockenmilch, Tee aus Amerika, „von einer Tante geschickt, die Anfang der dreißiger Jahre ausgewandert war". Rolf B. kann sich erinnern, dass er als Kind manchmal dabei war, wenn der Erfinder zum Großmarkt an der Leopoldstraße ging und wieder Sachen einkaufte – auf Vorrat für eine Zeit, in der man sich vielleicht wieder von Eingemachtem ernähren musste. Zwischen all den Konserven findet sich auch eine alte Wochenendausgabe der *Süddeutschen Zeitung* vom April 1963. Zu der Zeit, knapp drei Monate, nachdem die Kubakrise beigelegt war, hat Rolf B.s Großvater die Kiste wieder aufgefüllt. Der Erfinder, dessen Namen die Mutter von

Rolf B. nicht genannt wissen möchte, hatte wohl kein besonderes Vertrauen in die Zukunft gehabt. Obwohl sein Leben eigentlich ganz gut verlaufen ist.

Er kam zwar aus armen Verhältnissen, 1893 in Immenstadt geboren, musste er erst als Hütejunge arbeiten, bis er seine Lehre als Kaufmann beginnen konnte. Aber irgendwann, etwa um 1930, dem Jahr, als seine Tochter zur Welt kam, hatte er einen guten Einfall, der ihn und seine Familie wohlhabend machen sollte. Ihm war aufgefallen, dass bestimmte Handwerker, Fräser und Feinmechaniker vor allem, mit Beleuchtungskörpern arbeiten mussten, die zu grell für die Augen waren. Er entwickelte einen Lampenschirm mit einem Reflektor, der das Licht speicherte und wiedergab. Mit seiner Erfindung ging er zum Patentamt, eine große Firma produzierte die Schirme und stellte den Erfinder als Produktvermarkter ein. Seitdem war er viel unterwegs, fuhr zu Messen, um den selbstreflektierenden Lampenschirm an den Mann zu bringen. 1937, zwei Jahre bevor der Krieg begann, kaufte er das Haus am Hirschgarten.

Limoflaschen mit Schnappverschluss, drei Flaschen Chantré, Bodenseeobstler in Flaschen mit Kalterer-Etiketten. Der Erfinder hatte auch daran gedacht, dass man eventuell Lebensmittel zum Handeln gebrauchen könnte, wenn die Zeiten wieder schlechter würden. Manchmal, erzählt Rolf B., habe die Großmutter in den sonst bevorzugten Muckefuck ein Löffelchen Bohnenkaffee gegeben. Der Kaffee schmeckte natürlich wie Muckefuck, aber es sei letztlich um das Gefühl gegangen, richtigen Kaffee zu trinken. Und der Erfinder wollte sich wohl bis zum Schluss das Gefühl bewahren, dass ihm und seiner Familie nichts mehr passieren könnte, wenn er immer genug eiserne Rationen in der Überlebenskiste hat. Nach fast sechzig Jahren steht sie immer noch im Keller. Oben reißt der Handwerker an den Mauern, und der Mörtel prasselt auf das Holz.

Hilmar Klute

Das Schweigen der Männer

Ein Flugzeugmodell begleitete Ingeborg Schluckebier durch Krieg und Nachkriegszeit

Er hat nie sehr viel vom Krieg erzählt. Und wenn, dann eher die komischen Geschichten, die es ja auch gegeben hat, die Anekdoten. Das hat er gemein mit vielen Frontsoldaten, die aus dem Krieg zurückgekommen sind: als ob all das Grauenvolle, das Schreckliche, das sie erlebt hatten, nicht passiert wäre, wenn man nicht mehr davon redete.

Vielleicht ist das mit ein Grund dafür, dass seine Tochter viel, viel später damit begann, die Geschichte ihrer Familie im Krieg zu erzählen. Denn nach ihrer Pensionierung im Jahr 1994 fing Ingeborg Schluckebier an, einen Roman zu schreiben, „der noch nicht ganz fertig ist", wie sie sagt, und der sehr anschaulich und lebensnah von ihrer Kindheit erzählt, von den Eltern und der Zeit bis zum Einmarsch der Amerikaner. Eine Kindheit, in der sie sich oft einsam gefühlt hat, nicht nur, weil die 1935 Geborene ein Einzelkind war – nach Beginn dieses Krieges, in dieser unsicheren Zeit, wollten die Eltern kein zweites mehr. Sondern auch, weil die Mutter „Wöchnerinnenpflegerin" wurde, als der Vater im Krieg war, und sie schon bald alle halbe Jahre woanders lebten. „Wöchnerinnenpflegerin", das war ein Beruf, den die Nazis erfunden hatten: Jede deutsche Mutter hatte ab dem dritten Kind ein halbes Jahr lang Anspruch auf eine Haushaltshilfe. Und Ingeborgs Mutter, die zuvor Küchenhilfe bei der Mitropa gewesen war, nahm diesen Job an. Und so lebte Ingeborg mal sechs Monate lang auf einem Bauernhof, dann wieder ein halbes Jahr auf einem Gutshof im Salzburgischen. „Ich war immer dabei", sagt Ingeborg Schluckebier heute, „aber ich war überall fremd."

Sie kam „aus einfachen Verhältnissen", wie man damals so sagte. Hans Liebl, der Vater, hatte bis 1942 als Flugzeugschlosser im Flugzeugwerk Erding gearbeitet. Aus dieser Zeit hat Tochter Ingeborg noch heute ein kleines Flugzeugmodell, wie es die Arbeiter damals aus dem Blech abgeschossener Flugzeuge fertigten – für das Winterhilfswerk; der Erlös sollte verwundeten Soldaten zugute kommen. Auch Hans Liebl hat solche Flieger gebastelt und einen seiner Tochter geschenkt, obwohl er immer gesagt hatte: „Eigentlich unterstützen wir damit doch den Hitler bloß noch weiter."

Dann kam der Krieg auch zu Hans Liebl. 1942, im Alter von 34 Jahren, wurde er eingezogen. Lange hörten Mutter und Tochter nichts von ihm; später stellte sich heraus, dass er Kradmelder gewesen war. Kradmelder: das hieß, auf einem Wehrmachts-Motorrad zwischen Stab und Front hin- und herfahren. Nicht ungefährlich, weil man nie wissen konnte, wo die Front genau verlief. Hans Liebl war in der Ukraine eingesetzt, zwischen Kiew und Odessa. Kein schlimmer Posten, hatte er seine Familie beruhigt. Auf alle Fälle besser als draußen, direkt an der Front, wo 120 ausrückten und nur etwas mehr als die Hälfte zurückkam. Er sei nur so eine Art „Haustrottel" für den Stab gewesen, wie er es selbst nannte, das „Mädchen für alles". Das war ihm ganz recht gewesen: ein unauffälliger Job, bloß kein Held werden, bloß nicht schießen müssen. Er wollte nicht schuld sein am Tod eines anderen Menschen. Aber so pathetisch hätte er das kaum formuliert. Er dachte wohl eher pragmatisch und handelte, wie es ihm sein Gewissen eingab. Nicht ungefährlich, in einer gewissenlosen Zeit. Als in der Ukraine, im Standortkommando, einmal die Latrine verstopft war, tobte der Oberst und schrie was von Sabotage und von Köpfen, die rollen müssten. Hans Liebl sollte sich um

die Latrine kümmern und ahnte gleich, dass der junge russische Kriegsgefangene, der dem Stab zugeordnet war, seine Finger im Spiel gehabt hatte. Verriet er ihn, würde der erschossen werden. Verriet er ihn nicht, und es kam heraus, wäre er selber an der Reihe gewesen. Liebl machte sich an die Arbeit und war froh, dass ihm wegen des Gestanks keiner helfen wollte. Drei große Steine holte er aus der Latrine. Unerkannt konnte er sie ins Gebüsch hinter dem Haus schaffen, in der Hoffnung, sie in der Nacht irgendwo unauffällig zu vergraben. Dem Oberst erzählte er irgendwas von einer normalen Verklumpung, wegen der Hitze. Als er nachts dann zu den Steinen schlich, waren sie weg. An ihrer Stelle lag ein handgefertigtes russisches Zigarettenetui, als Dank. Ingeborg Schluckebier besitzt es heute noch.

So wie das Flugzeugmodell. Das hat sogar, Ironie des Schicksals, jenen Luftangriff überlebt, bei dem die Liebls ausgebombt wurden. Die Wohnung im dritten Stock des Hauses in der Artilleriestraße war nach der Bombennacht zerstört. Das Modell aber fand sich unversehrt inmitten der Trümmer im Hof des Anwesens.

Ingeborg behielt den Flieger über die ganzen Kriegsjahre hinweg. Der Vater kam schon 1943 von der Front zurück und war dann im Kupfer- und Messingwerk Moosach eingesetzt. Was er dort tat, weiß seine Tochter bis heute nicht: „Er sagte nur, darüber dürfe er nicht reden." Er redete auch nie darüber, was er in den letzten Kriegstagen getan hatte. Schluckebier erfuhr es erst viel später zufällig aus einem Buch: Dort war er als Mitglied der „Freiheitsaktion Bayern" genannt.

Nach dem Krieg aber kam der Hunger. Eines Tages nahm der Vater das Familiensilber und das Flugzeugmodell, um es auf dem Schwarzmarkt an der Möhlstraße gegen Essbares einzutauschen. Die kleine Ingeborg heulte fürchterlich, weil sie das Flugzeug behalten wollte. Der Vater tröstete sie: „Wein' nicht, wenn ich's eintauschen kann, mach' ich dir ein neues."

Zurück kam er dann nicht mehr ganz nüchtern, mit dem Flugzeug, dem Silber und einem Sack voller Essen. Er hatte an der Möhlstraße Pjotr getroffen – einen jener russischen Kriegsgefangenen, die ihm in Moosach unterstellt waren. Inzwischen war Pjotr zum König des Schwarzmarkts aufgestiegen. „Vater hatte ihm und einigen anderen damals das Leben gerettet", erzählt Ingeborg Schluckebier, „weil er sie bei Fliegerangriffen immer ins Freie gehen ließ, obwohl das verboten war." Eine Mine hatte eines Tages die Werkshalle zerfetzt, in der sie kurz zuvor noch gearbeitet hatten. Nun hatte sich Pjotr revanchiert – mit etlichen Gläsern Wodka und einem Sack voll Essen.

Reden ist Silber, Schweigen ist Gold, aber Handeln ist manchmal einfach unbezahlbar. *Franz Kotteder*

Der verlorene Sohn

Ein Stuhl aus dem Lebensbornheim ist Horst Beisl Halt in einer schmerzvollen Biografie

Eines Tages stand eine fremde Frau in der Küche und verkündete: „Heute nehme ich den Horst mit." Da war Horst Beisl elf Jahre alt, und seine sichere Vorstellung von Familie zerbrach. Er lebte in Penzberg bei „der Mama" und „dem Papa", wie er sie heute im Alter von 64 Jahren noch nennt. Aber die beiden waren nicht seine leiblichen Eltern, sie hatten ihn nur in Pflege. Die fremde Frau war seine Mutter. Horst Beisl sah sie an jenem Tag zum ersten Mal. Er versteckte sich vor ihr im Heustadl, aber er musste mit nach München. Es sollte noch Jahre dauern, bis Horst Beisl wirklich verstand, wo er herkam, warum es ihn gab, wer er war. Und was eine echte Mutter ist: nicht unbedingt die Frau, die ein Kind zur Welt bringt. Horst Beisl wurde 1940 im Mütterheim „Ostmark" in Pernitz bei Wien geboren – in einem Haus des staatlich geförderten Lebensbornvereins, der auf Grundlage der nationalsozialistischen Rassen- und Gesundheitslehre der Erhöhung der Geburtenrate von SS-Angehörigen und der Betreuung von hilfsbedürftigen Frauen und Kindern „guten Bluts" dienen sollte – eine „Arierzuchtanstalt", wie es bis heute umgangssprachlich heißt. Auf Beisls Geburtsurkunde ist der 18. Oktober als Geburtstag vermerkt, aber er ist sich bei diesem Datum nicht sicher. Die Menschenbuchhalter haben laut seinen Nachforschungen immer gleich mehrere Kinder unter einem Tag zusammengefasst. Die Neugeborenen wurden nicht getauft, sondern dem Führer per Dolchauflegung „geweiht". Auch Horst Beisl betteten sie zu diesem pseudo-germanischen Ritual auf einen steinernen Altar unter einer Hakenkreuzfahne. Als „Weihegeschenk" erhielten die Mütter einen Kerzenleuchter, der von KZ-Häftlingen in Dachau gefertigt wurde. „Eine irre Konstellation", sagt Beisl, „hier die Lebensmaschine, da die Todesfabrik, alles akkurat geplant." Wieso er beim Lebensborn zur Welt kam und wer sein Vater war, weiß Horst Beisl nicht. Seine Mutter hat ihm nie etwas erzählt. Der Nachname des Vaters auf der Geburtsurkunde ist französisch. Beisl mutmaßt, die Vorfahren des Mannes könnten vertriebene Hugenotten gewesen sein. Wahrscheinlich war er bei der SS. Aus dem Sold der SS-Soldaten wurde der Lebensborn finanziert. Kinderlose zahlten am meisten; ab vier Kindern – egal, ob ehelich oder unehelich – wurden sie vom Beitrag befreit. Nachwuchs zu produzieren, ausdrücklich auch mit blonden Geliebten, galt als „völkische Verpflichtung". Beisl hält es für möglich, dass seine Mutter gezielt aus weltanschaulichen Gründen schwanger wurde. „Hitler ist mein Papa", sagt er mit einem unfröhlichen Lachen. Aber vielleicht musste sie als unehelich Schwangere ihr Kind auch einfach vor ihrem bürgerlichen Münchner Umfeld verheimlichen. Frauen, die beim Lebensborn aufgenommen wurden, konnten anonym in einem der Heime gebären, auf Wunsch weit weg von ihrem Wohnort.

Über die Aufnahme in den Lebensborn entschied die Zentrale, die in München, in der Herzog-Max-Straße am Stachus war. Als Voraussetzung galt der Nachweis der arischen Herkunft und bestimmter „Rassekriterien" wie blaue Augen und hoher Wuchs. Die Beziehung zwischen den Eltern war dagegen unwichtig, Liebe unerwünscht – sonst hätten die Paare ihre Kinder womöglich behalten wollen. Beisl sagt: „Es ist erstaunlich, wie leicht man sich für eine Ideologie zu so etwas hergeben kann." Nach einiger Zeit im Heim kamen die Kinder in Pflege oder zur Adoption. Beisl wurde in einer Zeitungsannonce angeboten. Ein Ehepaar aus Penzberg wollte ihn. Die Pflegeeltern Anna und Alfons Klotz besaßen kein Geld, aber ein großes Herz und Humor. Der Pflegevater war Vollwaise. Er wusste, was es hieß, keine Eltern zu haben, und gab Horst Beisl, was er konnte. „Bei so viel Liebe von guten Leuten verblasst die Bedeutung der biologischen Elternschaft", sagt Beisl. Die Dankbarkeit gegenüber den Klotzs hat ihn zu diesem Interview bewogen. In einem Zeitungsartikel, hofft er, könne er diesen Menschen ein kleines Denkmal setzen, die er immer für seine richtigen Eltern gehalten hatte – bis die fremde Frau auftauchte. Seit seiner Geburt hatte sie nichts von ihrem Sohn wissen wollen. Beisl sagt: „Ich habe bis heute nicht verstanden, warum sie nie ein Bewusstsein für mütterliches Verhalten entwickelt hat. Für sie war ich nie existent."

Auch an jenem Tag in der Küche ging es ihr nicht um irgendwelche Gefühle. Sie wollte ihren Sohn als Arbeitskraft in der Münchner Lüsterfabrik ihres Vaters, Horst Beisls Großvater. Sie umwarben den Jungen vom Land mit den faszinierenden Verlockungen der Großstadt: kutschierten ihn im Auto, im Opel Kapitän, den damals nur die Wohlhabenden fuhren, zeigten ihm die hölzerne Rolltreppe von Hertie, nahmen ihn mit ins Café, wo er zum ersten Mal Limonade trank. Aber München und diese Leute blieben ihm fremd. Er lief ihnen davon. Vier Wochen später brachten sie ihn zurück nach Penzberg, „ins Paradies", wie Horst Beisl sagt. Er machte eine Lehre als Elektriker, ging aufs Gymnasium. Nur manchmal war er irritiert. Bei den anderen Kindern war alles einfach, bei ihm war alles kompliziert – wenn er Ausweispapiere brauchte, wenn seine Mutter behauptete, sie habe keine Geburtsurkunde mehr, wenn ihn die Beamten auf den Behörden schikanierten und die Klassenkameraden über seine unklare Herkunft spotteten.

Horst Beisl sagt: „Der Mensch ist leicht zerbrechlich. Wer als Kind emotional niedergemacht wird, trägt ein Leben lang daran." Viele Lebensborn-Kinder brachen unter dieser Last zusammen. Doch Horst Beisl hatte die Chance, etwas aus sich zu machen, das empfindet er als großes Glück. In Köln promovierte er in Pädagogik, arbeitete als Assistent an der Universität, traf die Künstler Beuys und Hundertwasser. Er wurde Vater von zwei Söhnen. Heute arbeitet er am Münchner Staatsinstitut für Frühpädagogik unter anderem an der Gestaltung von Kindergärten und mit Kindern, die im spielerisch kreativen Umgang mit Material ihre Identität herausbilden. Sein Beruf sei wohl kein Zufall, sagt Beisl.

Eine Kunstaktion vor 20 Jahren brachte ihn schließlich ins Betreuungszentrum für Behinderte nach Steinhöring in der Nähe von Ebersberg. Dort war 1935 das erste Lebensbornheim „Hochland" entstanden. Eine Schwester führte ihn durch die Gebäude, zeigte ihm die damaligen, nach Geschlechtern getrennten Trakte, die Gemeinschaftsräume, den steinernen „Weihe"-Altar, den es immer noch gab. Am Ende schenkte sie ihm einen kleinen hölzernen Stuhl, von dem die weiße Farbe blätterte. Auf diesem saßen einst die heimlich geborenen Kinder, wie Horst Beisl eines war. Eines von 8 000, die in Deutschland so zur Welt kamen. Er stellte das winzige Möbel in sein Büro. Er sagt: „Für mich ist der Stuhl ein Symbol für meine bewegte Biografie. Wenn ich ihn anschaue, gibt er mir Kraft und Hoffnung: Das Leben geht weiter."

Horst Beisls Pflegeeltern sind in den siebziger Jahren gestorben. Einen Mann mit dem Namen seines leiblichen Vaters hat Beisl in Freiburg entdeckt. Er schrieb ihm, bekam keine Antwort und bohrte nicht mehr weiter. Seine leibliche Mutter lebt immer noch in München. Sie telefonieren hin und wieder. Wenn es um früher geht, weiche sie immer nur aus. Zu ihrem 80. Geburtstag wollte er ihr Blumen schenken. Er rief sie an, aber sie meinte, er solle lieber nicht kommen. Sie hatte Freundinnen zu Besuch. Sie wollte nicht, dass ihn jemand sieht.

Beisl sagt: „Ich weiß nicht, was in ihr vorgeht. Ich weiß nicht einmal, was sie gerne isst." Aber er mache ihr keinen Vorwurf. Er bedauere, dass sie sich nicht die Freiheit erarbeitet habe, über die Vergangenheit zu reden. Sie sei weniger darüber hinweggekommen als er.

Jochen Temsch

München

Willkommen in der neuen Heimat

Den Küchenquirl, den sein Vater 1945 schnitzte, benutzt Reinhard Smolina noch heute

Ich seh' ihn heute noch schnitzen" – Reinhard Smolina wiegt nachdenklich den Kopf. Als sein Vater nach dem ersten Weihnachtsfest in der neuen Heimat den Christbaum zersägte und aus der Spitze einen Küchenquirl fertigte, stand der Sechsjährige staunend daneben. So einen Papa kann man brauchen. Und es sollte nicht das einzige praktische Utensil bleiben, das der Vater in der Not fabrizierte. Denn mitgebracht hatten sie fast nichts. Die ganze Habe der Familie Smolina aus Oppeln in Oberschlesien – Vater, Mutter, vier Kinder, Tante und zwei Cousinen – hatte auf zwei Leiterwagen Platz. Mit denen waren sie am 20. Januar 1945 aus ihrer Wohnung Hals über Kopf aufgebrochen. „Frauen und Kinder werden evakuiert", lautete die Parole, und: „In wenigen Wochen ist der Feind zurückgeschlagen, dann können sie in die Stadt zurückkehren." Dazu sollte es nie mehr kommen. Die bettlägerige Großmutter blieb zurück, der Vater traf noch rechtzeitig von seiner Dienststelle im Norden des Landes ein. Mit ihren Handwagen zogen sie gen Westen. Zu Fuß in eine völlig ungewisse Zukunft. Ringsum fielen die Bomben.

In Bautzen, Sachsen, erwischten sie einen überfüllten Flüchtlingszug. Jetzt ging es schneller voran, doch nur bis Dresden. Der Zug wurde am 13. Februar gerade noch rechtzeitig vor der Stadt gestoppt, die lichterloh brannte. Wohin jetzt? Keiner wusste es. Das Chaos der letzten Kriegsmonate erreichte seinen Höhepunkt. Manchmal ging es einige Tage vorwärts, dann wieder zurück. Die Familie klammerte sich aneinander, der kleine Reinhard schlief im Gepäcknetz, und wenn er sich heute an diese Tage erinnert, fallen ihm vor allem solche Einzelheiten ein: dass sein Bruder ihn in einen Spind einsperrte, dass es kaum etwas zu trinken gab.

Reinhard Smolina war 40 Jahre lang Lehrer in München. Für die Schülerzeitung hat der ehemalige Rektor vor einiger Zeit seine Erinnerungen an die Flucht aufgeschrieben. Eine nüchterne Schilderung, nach 60 Jahren aus dem Gedächtnis gegraben: „Bekamen wir einmal von Rot-Kreuz-Helfern und mitfühlenden Menschen einen Tee oder eine Suppe, so war das ein schönes Festessen."

Ende Februar landete der Zug in Ichenhausen bei Günzburg. Die vielen Flüchtlinge wurden auf die umliegenden Dörfer verteilt, Familie Smolina im Klosterdorf Wettenhausen auf einem Bauernhof einquartiert. Und wieder rückte die Front näher – diesmal von Westen. Hinter dem Hof bezog eine Flak-Batterie Stellung, von vorne schossen amerikanische Panzer. Der Dachstuhl brannte. Kindereindrücke: Der Himmel war von Kondensstreifen der Kampfflugzeuge überzogen, das Flusswasser grün gefärbt von abgeworfenen Tarn-Farbbeuteln. Der Bub hatte gelernt, sich bei herannahenden Tieffliegern an einen Baumstamm zu pressen, um nicht gesehen zu werden. Dann kam der 8. Mai, Ende aller Kampfhandlungen. Die Landschaft war durchpflügt von Schützengräben und Granattrichtern. Für die Kinder ein toller Spielplatz – aber gefährlich. Als Reinhard eines Tages stolz einen MG-Patronengürtel nach Hause schleppte, fiel der Vater fast in Ohnmacht – tags zuvor waren zwei Kinder von einer explodierenden Granate zerrissen worden.

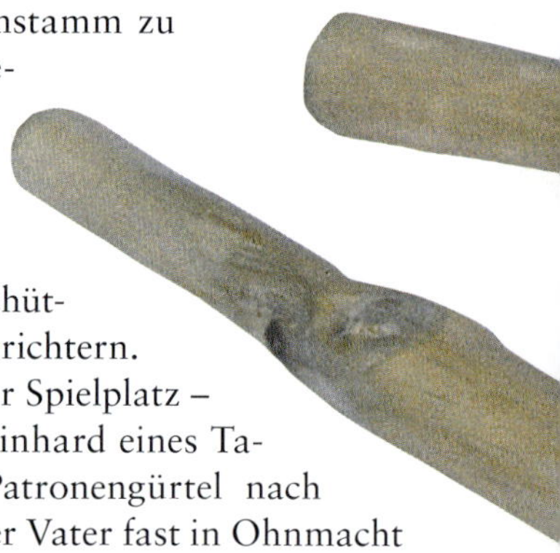

Das Dorf war mit Flüchtlingen überfüllt, auch Familien aus dem zerbombten München waren einquartiert. Als Reinhard in die Schule kam, waren mehr als die Hälfte der Kinder „Fremde". Doch Smolina, ein bescheidener Mann, dem man ansieht, dass er mit allen gut auskommt, kann sich an keine Schmähungen oder Konflikte erinnern. Dabei waren sie nicht nur Flüchtlinge, sondern auch noch evangelisch! Doch bald war der kleine Reinhard „in jedem Stall zu Hause". Und schon zum ersten Weihnachtsfest kam die Bäuerin mit einer Schüssel voll Mehl, in das sie ein paar Eier gesteckt hatte: „Diesen Anblick werde ich nie vergessen", sagt Smolina.

Der Vater, aus dem Ersten Weltkrieg schwerbeschädigt, fand keine Arbeit. Was gegessen wurde, musste selbst angebaut werden. Auch der Mohn für die süßen schlesischen „Mohnpielchen" wuchs im „Krautgarten", den die Eltern zugeteilt bekommen hatten. „Eigentlich waren wir die ganze Zeit am Sammeln", sagt Smolina: Huflattich, Spitzwegerich, Gänsefingerkraut, Himbeer- und Brombeerblätter, Löwenzahn für die Hasen, Fichtenspitzen zum Honig kochen, Tannenzapfen für den Ofen, Beeren, Pilze, Brennholz. Vielleicht war dieses Gefühl: „Man muss zusammenhalten, und einfach bis morgen, bis zum Ende der Woche, bis zum nächsten Frühling durchkommen", der Grund dafür, dass einzelne Erinnerungen so haarscharf gespeichert sind. Die intensivsten Freundschaften aus diesen Tagen währen übrigens bis heute.

Nachdem die Sirenen verstummt, die Bomben aufgesammelt, die Häuser notdürftig zusammengenagelt waren, sprach man vorsichtig von Zukunft: Vom Marshall-Plan war jetzt die Rede, von Rosinenbombern und Care-Paketen. In der Schule gab es die „Quäkerspeisung". Dann musste jedes Kind Teller und Löffel mitbringen, und es wurde Milchreis, Sojabohnen- oder Linsensuppe gekocht. Das Hilfswerk der pazifistischen amerikanischen Religionsgemeinschaft hat nach beiden Weltkriegen Millionen deutsche Kinder vor dem Hunger gerettet. Die Amerikaner brachten auch einen Hauch von großer, weiter Welt in die Schule: Sie zeigten Filme aus dem Land der unbegrenzten Möglichkeiten. Noch an Weihnachten '44, wenige Wochen vor der Flucht, hatte Reinhard im evangelischen Kindergarten in Oppeln ein Gedicht aufsagen müssen: „Ich trage das Licht für alle Soldaten, die ihre Pflicht für Deutschland taten." Und ein halbes Jahr später schenkte ihm ein GI eine Dose Corned Beef. Die Familie öffnete sie, roch an der groben Masse, versuchte, die Aufschrift zu entziffern. Man entschied sich, zu probieren – und siehe da: Es schmeckte köstlich.

Reinhard Smolina hat später am Salzburger Mozarteum und bei Carl Orff Musik studiert und in München an verschiedensten Einrichtungen als Musikpädagoge gewirkt. Viele Jahre hat er die Grundschulen an der Turnerstraße und an der Fritz-Lutz-Straße in Trudering geleitet. Keiner aus der Familie ist je wieder nach Schlesien zurückgekehrt. „Vielleicht wollten alle ihre schönen Erinnerungen behalten", sagt Reinhard Smolina, wie ein Schmuckkästchen, das nie mehr geöffnet wird. Doch die Christbaumspitzen (es gab im Jahr '46/'47 noch ein Duplikat) haben die Jahrzehnte überdauert. Wenn Reinhard Smolina sich am Sonntag seine „Mohnpielchen" bereitet, dann mixt er den Teig noch immer mit Vaters Quirl: „Der funktioniert einfach am besten!"

Martina Scherf

Vom Krieg spielen im Krieg

Winfried Zehetmeier baute für seinen Bruder 1945 eine Ritterburg

Winfried Zehetmeier hat ein Blatt Papier hervorgekramt und beginnt zu zeichnen: die quadratische Bodenplatte, rundherum die Mauer mit der Zugbrücke, zwei Türmchen mit kegelförmigen Hauben, ein großer Burgfried, ein Langhaus. „Die Zugbrücke", sagt Zehetmeier und zeichnet weiter, „die war aus den Teilen eines Spielzeugbaggers gebaut." Nach wenigen Strichen ist die Skizze fertig: um 1945 herum war es, da hat der damals zwölfjährige Winfried für seinen kleinen Bruder Raimund eine Ritterburg gebaut. Zum Geburtstag oder zu Weihnachten, wer weiß das schon noch nach so langer Zeit.

Zehetmeier sitzt in seinem Atelier in Sendling, um ihn herum seine Bilder, große, schreiende Gemälde und stille Miniaturen: Alles hebt er auf, und deshalb gibt es auch die Ritterburg noch, 60 Jahre alt ist sie, aber das ist ja nicht viel für eine Burg – es sei denn, sie ist wie diese aus Holz zusammengenagelt, die Kegelhauben auf den Türmen sind aus Pappe und die Türme selbst aus Pfosten, mit denen im Garten die Büsche hochgebunden wurden. Zehetmeier erzählt von einer Kindheit im Krieg, der einerseits unbegreifbar weit weg war – „Wir wussten ja nicht, warum's den Krieg gab" –, andererseits fast schon natürlicher Bestandteil des Alltags.

So kam es den Zehetmeier-Buben kein bisschen merkwürdig vor, dass sie mitten im Krieg auf ihrer selbstgebauten Burg Krieg spielten, das Miniatur-Personal waren die Figuren, die es für Spenden beim Winterhilfswerk der Nazis gab. 1943 war Winfried Zehetmeier ans Theresiengymnasium nahe der Theresienwiese gekommen. Viel Unterricht gab es jedoch nicht, denn je näher die Amerikaner an München heranrückten, desto kürzer wurden die Vorwarnzeiten. Einmal hat er sich vor einem Angriff in den U-Bahntunnel geflüchtet – als er wieder herauskam, brannte die Lindwurmstraße, und er lief den ganzen Weg zum Haus der Eltern in Großhadern.

Je länger Winfried Zehetmeier erzählt, desto weiter entfernt er sich von der Ritterburg – eigentlich kann er sich eh nicht mehr so genau erinnern, warum er sie gebaut hat, wie er auf die Idee kam. Nur eines noch: Eines der Bretter hat seine eigene Geschichte, aber sie ist keine erbauende. Denn Zehetmeiers Onkel, dessen Frau und die beiden Söhne kamen bei einem Bombenangriff ums Leben, zwei Luftminen trafen das Haus der Familie in Harlaching. Ein paar Tage später ging Zehetmeier mit seinem Vater hin, um auszuräumen – viel war nicht mehr übrig, ein kleiner Leiterwagen reichte. Auf den Wagen packten sie auch ein paar Regalbretter aus dem Keller. Und eines dieser Bretter verwendete Winfried zwei Jahre später, um seinem Bruder ein Geschenk zu basteln.

Am 30. April 1945 war der Krieg zu Ende in München, und als die ersten Amerikaner aus Richtung Westen heranrückten, da liefen die Großhaderner Kinder hinüber zur Würmtalstraße, um das Schauspiel zu bestaunen, mit einer Mischung aus „Staunen und Gruseln", wie Zehetmeier heute sagt: „Uns wurde ja jahrelang eingetrichtert, dass das der Feind sei." Noch einmal ein paar Tage später trat der Feind dann leibhaftig ins Wohnzimmer der Zehetmeiers.

„Drei MPs, amerikanische Militärpolizisten, kamen herein. Meine drei Geschwister und ich saßen zitternd vor Angst auf der Eckbank – noch nie im Leben hatten wir so große Menschen gesehen. Sie fragten meinen Vater, ob er eine Waffe im Haus habe. Er griff oben auf den Bauernschrank und holte einen Trommelrevolver herunter. Die MPs taten zum Scherz so, als würden sie erschrecken, damit war das Eis gebrochen."

Das Leben wurde danach nicht leichter – Winfrieds Vater war Lehrer, und wurde, so stellt der Sohn es heute dar, 1933 gezwungen, dem NS-Lehrerbund beizutreten – und somit auch bald Mitglied der NSDAP zu werden. Deshalb durfte er nach Kriegsende seinen Beruf nicht ausüben und arbeitete als Rechtsanwaltsgehilfe für 200 Mark im Monat. Doch Winfried Zehetmeier kann sich nicht daran erinnern, dass sein Vater jemals öffentlich „Heil Hitler" gesagt hätte. Und seine Mutter hatte sowieso einen renitenten Geist – gegen Ende des Krieges gab es wohl Kontakte zur „Freiheitsaktion Bayern", aber vorher schon bastelte sie Handpuppen, denen sie die Gesichter von Stalin gab und von Roosevelt, und auch von Hitler: „Wir Kinder wurden streng ermahnt, nicht darüber zu reden, sonst würden wir nach Dachau kommen. Was das genau bedeutete, wusste ich zwar nicht, aber dass es schlimm war, das schon."

Die Ritterburg wurde dem heranwachsenden Winfried bald uninteressant – sie landete auf dem Speicher des elterlichen Hauses. Von dort nahm er sie mit, als er sein eigenes Haus gebaut hatte. Später versuchte er noch einmal, sie seinen eigenen Kindern schmackhaft zu machen, aber die wollten lieber eine Modelleisenbahn. Weggeworfen hat er sie dennoch nie – dem Zehetmeierschen Grundsatz zufolge, dass man alles noch mal brauchen kann. Außerdem: „Ich hab' mir immer gedacht, könnte doch sein, dass mal jemand eine Ausstellung mit solchen Sachen machen würde." Winfried Zehetmeier nimmt den Bleistift und zeichnet seiner Skizzenburg noch eine Fahne auf den Bergfried. Die ist verloren gegangen, aber sonst ist noch alles da von der 60 Jahre alten Burg, mit der Kinder im Krieg Krieg spielten. *Stephan Handel*

Schatten über der Stadt

Uri Siegels Schnappschüsse erzählen auch eine Lebensgeschichte

Das Auffällige an den Bildern ist ihre Unauffälligkeit. Eine Trambahn fährt durch eine belebte Straße. Ein einzelnes Auto steht an einer mit Bäumen gesäumten Allee. Zwischen hoch aufragenden Häusern huschen winzige Schatten von Menschen über leere Straßen. Dies sind Aufnahmen aus dem Spätsommer 1945, doch nur bei wenigen von ihnen kommt Schrecken auf; da sieht man die erwartbaren Häuserruinen, die meterhohen Schuttberge im zerstörten München.

„Ich war damals verwundert, dass man die Straßenzüge noch exzellent erkennen konnte", sagt Uri Siegel lapidar. Einen Tag lang kreuzte er nach Kriegsende mit einer Truppe Soldaten der British Army durch die Stadt und knipste, was ihm vor die Linse kam. Die zehn erhaltenen Originalaufnahmen, auf deren Rückseite er säuberlich „Munich" mit Tinte notiert hat, hat er damals mit seiner Agfa-Kamera gemacht – oder doch mit der Leica? Uri Siegel grübelt und entscheidet sich für ersteres: „Das war eine Agfa, die man rausklappen konnte. Leider ist sie mir später mal ins Salzwasser gefallen und ging kaputt." Viel nostalgisches Gefühl will Uri Siegel für seine Bilder jedenfalls nicht aufbringen. „Ich hänge nicht an ihnen, ich habe Unmengen von Fotos – obwohl ich selbst sehr schlecht fotografiere." Und so kommentiert er die vergilbten, in dunklem Grau verschwimmenden Bilder nur etwas abschätzig: „Die sind nicht mehr taufrisch."

Über Gefühle spricht der 82-Jährige ohnehin wenig. Was er bei der ersten Begegnung mit seiner Heimatstadt nach dem Krieg empfunden habe? „Ich habe mich geärgert", sagt er nur, „dass ich nicht länger dableiben konnte." Er hat das wenige Monate später im November '45 nachgeholt. Richtig lange jedoch hat er auch da nicht verweilt: „Scheußlich" sei es gewesen, sagt er, kalt und trübselig. Doch auch danach hat Siegel den Kontakt zu München nicht abreißen lassen, bis er 1957 schließlich mit seiner Frau wieder ganz nach Haidhausen gezogen ist. Hinter diesem „wieder" allerdings steckt eine alles andere als alltägliche Umzugsgeschichte.

Denn natürlich hatte der damals Elfjährige seine Geburtsstadt 1934 nicht ohne Not verlassen. Sein Vater war einer der ersten Juden, die die Gefahren des erstarkenden Nationalsozialismus richtig einschätzten. Der Schock saß bei ihm allerdings auch besonders tief: Denn der Vetter und Sozius seiner Anwaltskanzlei, Michael Siegel, hatte als einer der ersten die unheilvolle Macht der Nazis zu spüren bekommen. Als sich der Rechtsanwalt im April 1933 im Polizeipräsidium über den Umgang mit einem jüdischen Klienten beschweren wollte, schnitten ihm Polizisten die Hosenbeine ab und führten ihn mit einem Schild durch die Straßen: „Ich bin Jude und will mich nicht mehr bei der Polizei beschweren!" Das Bild des gedemütigten Mannes erlangte traurige Berühmtheit. Dennoch blieb Michael Siegel noch bis 1940 in München, bevor er nach Peru emigrierte.

Sein Vetter, als Zionist aus dem Ersten Weltkrieg zurückgekehrt, handelte schneller: Er ließ das wichtigste Hab und Gut in einen Container packen und emigrierte mit Frau, Tochter und Sohn Uri nach Palästina. Der Vater konnte in Haifa bald wieder als Anwalt arbeiten, der Sohn allerdings war in der Schule „bemerkenswert schlecht", wie er sich erinnert. „Zugleich Hebräisch lernen und den Stoff in Hebräisch bewältigen – dazu war ich nicht in der Lage." An einer Kibbuzschule fand er sich schließlich doch in die fremde Kultur hinein. Anschließend meldete er sich 1942 mit 19 Jahren freiwillig zum englischen Militär – und war dort der jüngste seiner Einheit. Warum er unbedingt selbst gegen die Nazis in den Krieg ziehen wollte? „Es war mir unverständlich, dass das nicht jeder wollte", sagt Uri Siegel trocken. „Mit 19 bildet man sich außerdem ein, dass man was erleben muss."

Und so erlebt Uri Siegel was, als Artillerist in den verschiedensten Ländern; zur Zeit des Kriegsendes schmuggelt er gerade mit der Jüdischen Brigade in Norditalien Juden aus dem europäischen Osten nach Palästina. Dann wird seine Einheit nach Belgien verlegt; während des Truppentransports macht Uri Siegel jenen kurzen Abstecher nach München, bei dem

die Fotos entstehen. Später vertritt er in München als Anwalt eines Wiedergutmachungs-Büros KZ-Häftlinge, die um Entschädigung kämpfen, engagiert sich jahrelang im Vorstand der Israelitischen Kultusgemeinde. Ist es ihm nach seinem Widerstand gegen die Nazis nicht schwergefallen, wieder nach Deutschland, nach München zurückzukehren? „Wenn ich sie nicht bekämpft hätte, wäre es mir wohl schwerer gefallen", sagt Siegel lapidar. Seine Zeit in Israel, fügt er hinzu, habe ihm auch „eine gewisse Militanz" gegeben: „Da musste man sich durchsetzen."

Was Uri Siegel allerdings „maßlos geärgert" hat, war der jahrelange Kampf darum, mit seinen israelischen und englischen Studienabschlüssen hier als Anwalt zugelassen zu werden: Da seine Familie frühzeitig emigriert war, wollte man ihn nicht als Vertriebenen gelten lassen. Trotz solcher Behinderungen hat Siegel seine Entscheidung „nie bereut". München war und ist seine Heimat. Auch wenn das in seinem Leben nicht immer jedem gepasst hat. *Antje Weber*

Ein Rucksack für Erinnerungen

Hannes König hatte einen wertvollen Begleiter durch Kriegs- und Nachkriegszeit

Oft haben ihn die Freunde ausgelacht: „Hannes, du und dein alter Rucksack, jaha!“, haben sie dem Mann mit der Hornbrille immer zugerufen, wenn sie in den Sechzigern und Siebzigern zur Oberen Schönfeldalm am Spitzing aufstiegen. Mit Schreibzeug, Pinseln, Büchern, Farben und Brotzeit vollgestopft, drückte der graublaue Leinenbeutel mit den kantigen Lederriemen hart auf die Schultern von Hannes König. Wenn Gefährten wie der Rotzinger Ferdl drängten: „Mensch, Hannes, jetzt kauf' Dir halt endlich einen g'scheiten Rucksack“, winkte König ab. „Naa, der ist noch gut, der passt sich prima dem Körper an“, sagte er und stapfte munter weiter.

Hannes König warf nichts weg. Seit der Erstkommunion etwa, als er sich nur wünschte, zu Karl Valentins „Firmling“ zu gehen, häufte er alles an, was ihm von dem Komiker – und später von gut 500 Volkssängern – in die Hände kam: Plakate, Programmzettel, Eintrittskarten, Fotos, Kurioses, Requisiten, und, und, und. „Seiner Sammelleidenschaft verdanken wir ein aus den Nähten platzendes Archiv“, sagt Gudrun Köhl, die den Münchner Universalkulturschaffenden seit den Sechzigern mitmalend, mitreisend, mitleidend und mitlachend begleitete und bis vergangenen November sein Valentin-Musäum im Isartor führte. Als König 1989 starb, vermachte er ihr sein privates Sammelsurium: Ölbilder, Holzschnitte, Plakate für die KPD, Collagen und Aquarelle; Indianerschmuck, Kuhglocken und andere Fundstücke, die er wohl mal in einen Faschingswagen oder in ein Theaterstück eingebaut hätte; bis hin zu alten, in Öl konservierten Schrauben. „Er hatte zwei Kriege durchgemacht, da ist Sparsamkeit keine Zier, sondern eine Überlebenschance“, sagt Gudrun Köhl, die auch den Jägerrucksack verwahrt und manchmal noch im Fasching für ihr Wildererkostüm hervorholt.

Den Rucksack bekam König 1946 bei der Heimreise aus der Kriegsgefangenschaft. Den Kampf mit der Waffe hatte er verweigert, daher war er bis 1945 in Kroatien, Montenegro und Ungarn als Sanitätsgefreiter eingesetzt. Binden und Spritzen tauschte er bei Einheimischen gegen Essen (zum Beispiel eine Henne, die ungeschlachtet eine Weile im Sanka mitfuhr, ehe er sie davonflattern ließ). Beinahe wäre der Kommunist König mit einem Wagen zu den Partisanen übergelaufen, aber am Treffpunkt wartete er vergebens, und so schmuggelte er sich wieder bei seiner Einheit ein, die sich bald den Briten ergab.

Im Auffanglager im Osttiroler Oberlienz war er bei einem Bauern untergebracht. Als der erfuhr, dass König Kunstmaler war, bat er ihn, das Fresko einer Kreuzigungsszene in einer Kapelle herzurichten. Das hätte König fast den Kragen gekostet, denn er pinselte einen Christushenker mit Hitlerbart und eine Hakenkreuzflagge, die in die Hölle stach – was ein Aufseher fehldeutete. Aber als Sanitäter konnte er schnell klären, dass er von Hitler nicht das Allergeringste hielt. Der Bauer schenkte König den Rucksack und – was noch wichtiger war – füllte ihn mit Speck, Dosenfleisch, Mehl und Honig. „Der Rucksack war voll und schwer, erinnerte er sich – aber vielleicht war er auch gar nicht so schwer, und er war nur so entkräftet“, sagt Gudrun Köhl.

Als König Anfang Januar 1946 München wiedersah, befürchtete er, man würde ihm die Kostbarkeiten abnehmen. An der Brücke vor dem Giesinger Bahnhof, wo der Zug langsamer rollte, ließ er das Bündel die Böschung hinunterkullern. Als er ihn am nächsten Morgen einsammeln wollte, war der Rucksack weg. Verzweifelt rannte er die Gleise auf und ab. „Hier habe ich ihn doch abgeworfen“, stammelte er. Da lehnte sich ein Mann aus dem Fenster und rief: „Suchst du dein Rucksackerl?“ Gerührt, dankbar und glücklich schnitt König dem Finder Speck ab und trug den Rest zu seinen Eltern nach Hause ins Rückgebäude der Rumfordstraße 32.

Zu der Zeit war alles Mangelware.

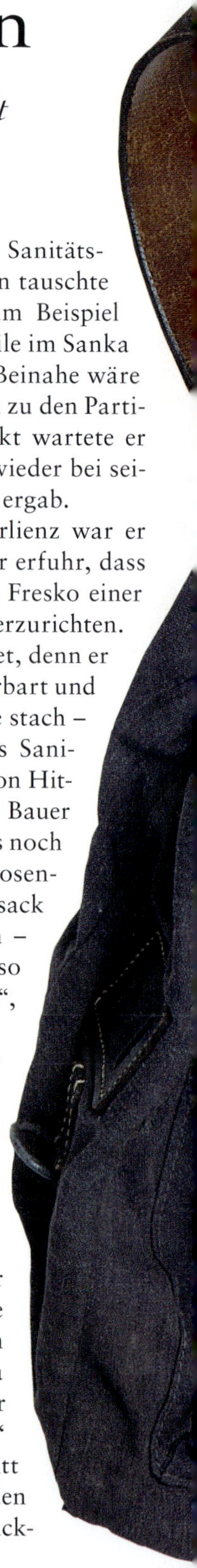

Und der Rucksack leistete Hannes König gute Dienste, wenn er mit dem Vater, dem Kunstschmied Franz König, zu den Bauern vor der Stadt wanderte, die noch gut zu essen hatten. Was er erlebte, zeichnete er in der Karikatur „Kauft auf dem heimischen Schwarzmarkt": Städter, die Kronleuchter, Schmuck und Teppiche ins Voralpenland tragen, um das Nötigste einzutauschen; Gendarmen, die die Hamsterer aufschreiben und ihnen die Ware abnehmen; und Dutzende Rucksäcke. Der von König misst ungefüllt 45 mal 45 Zentimeter, lässt sich aber weit ausbeulen, so dass meist mehr hineinpasste, als er bekam.

Nach der Währungsreform 1948 waren die Regale schnell wieder gefüllt. Man wollte auch wieder lachen. Und König half dabei. Als er – Vorsitzender des Schutzverbands der bildenden Künstler – 1959 das Valentin-Musäum eröffnete, baten ihn viele alte Volkssänger wie Lola Ammerlander, Schorsch Blädel, Gustl Ehm und der Schneider Wiggerl, ob er nicht auch etwas für sie täte, wenn er sich schon so um den toten Valentin kümmere. Vor dem Krieg hatte es an die 400 Wirtshäuser gegeben, in denen sie hatten auftreten können, nun sahnte nur noch der entnazifizierte Weißferdl ab. König half, wie er immer und jedem half. Er gründete die Münchner Volkssängerbühne, suchte nach würdigen Spielstätten wie dem Franziskaner-Keller, dem Apollo und der Max-Emanuel-Brauerei, malte – wie einst für Valentin – Kulissen, spielte Zither, textete und führte Regie im stets sozialkritischen Bauerntheater. Für Stücke wie den „Jennerwein Giagl" lieh er seinen Rucksack gerne als Requisite her, forderte ihn aber stets der Ordnung halber zurück.

Außer am abgeblätterten Ledersaum ist der einfach vernähte Beutel (hergestellt 1942 in Offenbach) in tadellosem Zustand. Hannes König hat immer darauf achtgegeben, wie weit das unzertrennliche Gespann auch ging. Er trug, sagt Gudrun Köhl, viele Erinnerungen darin herum.

Michael Zirnstein

Die Abendzeit
Süddeutsche Zeit
SZ im Bild
An den Toren des roten China
Wochenend-Ausgabe
Abendzeitung
Friede in Europa
ür fünf Jahre gesichert
38. Breitengrad
nicht überschritten

Das Märchen von Emil im Glück

Ein Buch war für Ellen Presser die erste Verbindung zwischen Innen- und Außenwelt

Eigentlich beginnt seine Geschichte erst etwas später. Und doch gehört Ellen Pressers Märchenbuch in diese Ausstellung. Weil es so viel erzählt über die Juden, die aus Osteuropa in den Monaten nach Kriegsende nach München kamen. „Über Menschen wie meine Eltern", so Ellen Presser, „für die der Krieg nie aus war."

Über 100000 ehemalige KZ-Häftlinge, Zwangsarbeiter, Kriegsgefangene und Flüchtlinge strömten um 1945 nach Bayern und München. Izydor Presser war einer von ihnen. Er hatte Arbeitslager in Polen und der Sowjetunion überlebt. Er war krank, er hatte alles und alle verloren. Er zog über ein Lager für Displaced Persons in Eschwege rasch weiter nach München. Hier war der amerikanische Sektor, gab es viele Hilfsorganisationen, Suchlisten des Roten Kreuzes, letzte Hoffnung, etwas über einen seiner Angehörigen zu erfahren. Er sollte keinen wiederfinden.

Deutschland war eine Transitstation auf dem Weg in ein neues Leben, weit weg von der Heimat des Holocaust. Nur 1500 Juden aus dem großen Strom waren in den fünfziger Jahren noch in München.

Auch Izydor Presser wollte nie bleiben. Die junge Polin Fela folgte ihm aus Eschwege an die Isar. Sie ließen sich bei einem Sattler in der Ickstattstraße zwei prächtige, handgefertigte Überseekoffer machen. Nach Israel zu gehen, konnte sich Fela nicht entschließen. Kein anderes Land aber war bereit, einen polnischen Juristen mit einem Schatten auf der Lunge aufzunehmen.

Dann kam das erste Kind. Sie nannten es nach seiner ermordeten Großmutter. Und damit fängt eigentlich erst die Geschichte dieses Buches an, einer Ausgabe von „Grimms Märchen" aus dem Jahre 1937. Nicht ein Eselsohr, keine Kinderkritzelei findet sich darin. Fela Presser hütete es wie einen Schatz. Als Ellen gerade einmal sechs Monate alt war, begann sie, ihr Abend für Abend daraus vorzulesen, sorgsam artikuliert, jedes Komma betonend. Ihre Tochter sollte Deutsch lernen, nicht das Deutsch der Lager und Straßen, sondern ein reines, altes Märchendeutsch, die Sprache der Begründer der Germanistik. Die Eltern sprachen Jiddisch und Polnisch miteinander. Doch vor dem Einschlafen hörte Ellen das Deutsch der Gebrüder Grimm.

Auf dem Einband starren gespenstisch große Augen aus einem Baumstamm. Nichts aber beunruhigte Ellen so wie die Geschichte vom Wolf und den sieben Geißlein, wenn ihre Mutter mit leise bedrohlichem Nachdruck die Warnung vorlas: „Seid auf der Hut vor dem Wolf; wenn er hereinkommt, so frisst er euch alle mit Haut und Haar." Der Menschenfresser war ein Meister der Verstellung, doch ein kluges Kind erkannte ihn an „seinen schwarzen Füßen".

Da war noch eine andere Geschichte, die ihre Mutter immer wieder erzählte. 1939 waren deutsche Soldaten mit glänzenden schwarzen Stiefeln auf den elterlichen Hof in Polen gestürmt. Sie schlugen ihre Gewehrkolben gegen die Fensterläden und brüllten: „Juden raus."

Im Kopf des Kindes wurden die schwarzen Pfoten des Wolfes und die schwarzen Stiefel eins. Und weit beängstigender als der Wolf selbst schien ihm die Gutgläubigkeit der Geißlein, die sich von seinen weißgefärbten Pfoten täuschen ließen. In das Märchen vom bösen Wolf ist für die Leiterin des Jugend- und Kulturzentrums der Israelitischen Kultusgemeinde München eingeschrieben, was das Leben ihrer Eltern nach 1945 und ihre Kindheit bestimmte: Die Angst vor dem, was von draußen kommt. Die Mahnung, auf der Hut zu sein, die Tür nicht aufzumachen. Draußen lauerte das Böse, lag ein fremdes, feindliches, unheimliches Land.

Es war nicht gemütlich in München nach dem Kriegsende. „Die Stadt von Dr. Alzheimer", wie sie der Historiker David Clay Large nannte, empfing die osteuropäischen Juden nicht mit offenen Armen. Bürgermeister Karl Scharnagl wollte den knappen Wohnraum keinen „Personen, die sich zum Zusammenleben mit unserer Bevölkerung nicht eignen", zuteilen, die Bayernpartei protestierte gegen die Eröffnung eines China-Restaurants als Zeichen der unerträglichen „Überfremdung".

Die Pressers schlossen ihre Türen. Man blieb unter sich, hielt sich von den Gojim, den Nicht-Juden fern. Daran sollte sich auch über die Jahre nichts ändern. „Wir lebten", so Ellen Presser, „in zwei streng getrenn-

ten Welten: der Außenwelt, in die man zum Arbeiten, in die Schule ging, und der Innenwelt, der Familie, zu der nur jüdische Freunde Zutritt hatten. Dazwischen war die Tür."

Es war ein schizophrenes Leben. Sie richteten sich ein im Land der Täter und konnten sich doch nie damit aussöhnen, geblieben zu sein. Ihr Vater liebte die Berge, das jankergrüne München, das ihn an seine Kindheit in Galizien erinnerte. Er legte eine Fotogalerie mit Trachten im Flur an. „Er war auf eine rührende und groteske Weise heimatverbunden. Die Menschen aber hielt er auf Distanz."

Die Vergangenheit blieb gegenwärtig. Es gab Worte, die sprach Mutter nicht aus. Den Namen Hans etwa. In den allabendlichen Märchenstunden tauschte „Emil im Glück" sein Gold ein. Den Namen Hans brachte sie nicht über die Lippen, er war für sie verbunden mit Hans Frank, dem Kommandeur des Generalgouvernements Polen, mit Ghetto, Deportation und Mord.

Die gepackten Überseekoffer standen weiter im Schlafzimmer, auch als längst klar war, dass sie niemals mehr weggehen würden. „Erst 1997", meint Ellen Presser, „ein Jahr nach dem Tod meiner Mutter, habe ich mich davon befreit." Das Buch hat sie aufbewahrt. Die Märchen, mit denen sie als Kind Deutsch lernte und auch das (Sich-) Fürchten. Vor einem Land draußen vor der Tür, das für ihre Eltern nie Zuhause wurde.

Petra Hallmayer

Visionen und ein Stückchen Brot

Adolf Frankl überlebte die Hölle von Birkenau und malte das Inferno

Der biografische Abriss, den Thomas Frankl über seinen Vater Adolf Frankl geschrieben hat, kommt nicht ohne Merkwürdigkeiten aus. Es findet sich am Ende eine lange Liste von Menschen, denen gedankt wird. „Herrn Gross: Er versteckte Vater in der Tischlerwerkstätte von Sered. Frau Walter: Sie arbeitete in der SS-Küche von Birkenau und gab Vater ein Stückchen Salat. Herr Kalmár: Er war Elektriker in Birkenau und gab Vater vor dem Todesmarsch ein bisschen Marmelade." Ein Versteck, ein Bissen zu essen, das konnte lebensrettend sein in den Zeiten des Mordens, als die Vernichtungsmaschinerie der Nazis ihr entsetzliches Werk tat. Auch in Bratislava, der slowakischen Geburtsstadt des Malers Adolf Frankl. Dass er die Internierung im nahegelegenen Zwischenlager Sered überstand, das Grauen von Auschwitz, den Todesmarsch im Januar des Kriegsjahres 1945, verdankt er vielen Glücksfällen und mutigen Helfern. Er hat überlebt, ist zu seiner jüdischen Familie nach Bratislava heimgekehrt, und wenn man seinen Sohn fragt, wie er war, der Moment, in dem sie den Totgeglaubten wiedersahen, beginnt Thomas Frankl zu weinen. Man habe sich gefreut, sagt er leise. „Ja, man hat sich eigentlich gefreut."

Besuch bei den Frankls in ihrer Wohnung nahe der Theresienwiese. Der Sohn des Malers lebt mit seiner Frau Inge in lichtdurchfluteten, mit hellen Möbeln eingerichteten Räumen. Auch Adolf Frankl hat, nach dem Ende des Krieges und der Übersiedelung aus der kommunistischen Tschechoslowakei in den Westen, das Land der Täter nicht gemieden. Er wohnte bis zu seinem Tod 1983 in Bad Homburg, Frankfurt, München und Umgebung, aber auch in New York und Wien. Es war eine ruhelose Existenz, die auf die Hölle des Holocaust folgte. Und es ist deshalb nicht einfach so, dass man mit Thomas Frankl über das Kriegsende, die ersehnte Befreiung sprechen kann, über die Erlösung von den Schrecken, für die symbolisch das Stück Brot steht, das der Vater vom Todesmarsch mitbrachte. Natürlich hat der 70-Jährige das Brot hergerichtet für den Besuch, ein haselnussgroßes, steinhartes Bröcklein. Frankl nimmt es behutsam aus dem durchsichtigen Acrylwürfel, wickelt es aus der schützenden Plastikfolie. Eine profane Hülle für ein Stück Hoffnung und Überlebenswillen, das porös, federleicht geworden ist mit der Zeit. Aber da liegt eben auch die Biografie des Vaters auf dem Tisch und das Buch „Visionen aus dem Inferno" mit seinen nervösen, expressiven Bildern, in denen er noch Jahrzehnte nach den Geschehnissen im Lager das Unsagbare verarbeitete.

„Der Krieg ist aus": Um zu ermessen, was das für eine Familie wie die Frankls bedeutete, muss man weiter zurückgehen als in die Apriltage des Jahres 1945, in denen Thomas Frankl und seine Schwester Erika in einem Luftschutzkeller Bratislavas den ersten sowjetischen Soldaten sahen. „Er gab mir eine Ohrfeige, weil er mich für einen Deutschen hielt. Die erste Ohrfeige meines Lebens, die mir Freude bereitete, denn ich wusste, wir sind befreit", erinnert sich Frankl. Die Monate davor hatten sich die Mutter Renée und die Geschwister bei Verwandten, in Bunkern versteckt und in ständiger Todesangst gelebt, entdeckt zu werden. Im September 1944 waren sie dem Massenabtransport der Juden in Viehwaggons nur entgangen, weil Renée Frankl mit dem kalten Mut der Verzweifelten dem berüchtigten Obersturmbannführer Alois Brunner vorlog, sie und ihre Kinder seien arisch. Ihrem Mann konnte sie nicht helfen. „Haben'S das notwendig g'habt, an Juden zu heiraten?", habe sie einer der umstehenden Soldaten gefragt.

Demütigung, Ausgrenzung, Enteignung gehörten für die großbürgerliche Familie – Adolf Frankl hatte Malerei studiert, betrieb aber ein erfolgreiches Raumausstattungs-Geschäft – seit Jahren zum Alltag. Nächtliche Überfälle brüllender Soldaten in der Wohnung, auf der Straße Attacken von Mitgliedern der Hitlerjugend, der slowakischen faschistischen Hlinkagarde. „Ich bin als Kind angestänkert worden, angespuckt. Es war ein Leben in Anführungszeichen", sagt Thomas Frankl, ein ruhiger, ernster Mann, leichten wienerischen Singsang in der Stimme. Die Slowakei hatte sich als Staatsgebilde von Hitlers Gnaden für autonom erklärt und setzte das Arisierungsprogramm der Nazis

besonders eifrig um, viele aus der Familie Frankl kamen ums Leben. Heimat? Thomas Frankl weicht der Frage aus und spricht lieber vom Vater. Für den sei Bratislava immer sein Zuhause geblieben, auch nach dem Umzug in den Westen. Der ambitionierte Film über den Maler Adolf Frankl, den das slowakische Staatsfernsehen soeben fertiggestellt hat, ist ihm wichtig. „Bilder aus dem Inferno", heißt er. Frankl junior lässt ein paar Szenen über den Bildschirm flimmern und sagt, er hoffe, ihn auch in Deutschland ins Programm zu bringen.

Der Vater, die Hoffnung, das Brot. „Ich glaube, er hat es aufgehoben, um uns zu zeigen, dass ein Stückchen Brot lebensrettend sein kann", sagt er. Lebensrettend nicht nur in dem Sinne, dass „Dolfi", wie ihn seine Freunde nannten, sich die letzte Ration vor dem Todesmarsch von Auschwitz Richtung Deutschland in kleine Portionen einteilte, um möglichst lang davon zu zehren. Das Brot stand auch für Leben, für Überleben, und vielleicht hat es zur Kraft des Häftlings mit der eintätowierten Nummer B 14395 beigetragen, trotz des im Lager durchlittenen Martyriums den apokalyptischen Marsch zu überstehen. „Ich glaube, dass er...", so beginnen viele Sätze, in denen Frankl vom Vater spricht. Denn der hat über das, was er sehen musste, kaum reden können, und wenn, dann nur weinend. So wie die Kinder, in den Wochen nach der Befreiung, nach der schier unglaublichen Rückkehr des Vaters auch die Eltern oft im verschlossenen Schlafzimmer zusammen weinen hörten. Statt zu sprechen, hat Frankl wie besessen gemalt, permanent skizziert, die Bilder im Kopf auf die Leinwand übertragen. Seine verstörend grellfarbigen Arbeiten zeigen die unmenschlichen Fratzen der Peiniger, die stumme Qual der Todgeweihten. Die Malweise, hat ein Kunstkritiker geschrieben, wirke scheinbar unkohärent, chaotisch und mache so „das Unvorstellbare, die Auflösung aller Humanität und Sitte in der Welt des Lagers" deutlich.

Thomas Frankl, seine Geschwister (nach dem Krieg wurde noch ein Bruder geboren), seine Frau und die gemeinsame Tochter bemühen sich seit Mitte der siebziger Jahre, die aufrüttelnden Bilder an möglichst vielen Orten zu zeigen. „Mit meinen Werken habe ich allen Völkern dieser Welt ein Mahnmal gesetzt. Es soll niemandem, egal welche Religion, Rasse oder politische Anschauung er vertritt, dieses oder ähnliches widerfahren", lautet die Widmung des Künstlers zu seinen „Visionen aus dem Inferno". Die Ausstellungen in Wien, Berlin und München, in Rom und Los Angeles mit feierlichen Eröffnungen durch Bundespräsidenten, Regierungschefs, Oberbürgermeister wurden und werden ergänzt durch ein besonderes Exponat: Das Bröckchen Brot, geschützt unter einer kleinen Glaskuppel. Thomas Frankl sagt, und dieser Satz kommt ihm wie nebenbei über die Lippen: „Sehen Sie, ich wurde nicht vergast. Und ich betrachte es als meine Aufgabe, zu zeigen, was Hass für Folgen haben kann." Das bedeute, nicht nur die Werke zu zeigen, sondern auch ein konkretes Stück Überlebens- und Leidensgeschichte. Wobei es ihm nicht leicht fällt, das Brot wegzugeben. Weilt er selbst am Ausstellungsort, nimmt er es jeden Abend zu sich. „Ich habe ein besseres Gefühl, wenn ich es bei mir habe."

Inzwischen ist das Licht in der hellen Wohnung der Frankls gedämpfter, die Dämmerung bricht herein. Thomas Frankl geht für einen Augenblick ins Nebenzimmer, um den Katalog mit „Vaters Bildern" zu suchen. Es sind die Tage der Gedenkfeiern zum 60. Jahrestag der Befreiung des KZs Auschwitz, und Inge Frankl sagt, dass ihr Mann hinfahren werde. Sie selbst schaffe es nicht mehr, es sei zu belastend, der Ort, die Erinnerung, „ich weiß nicht, woher er die Kraft nimmt". Sie sagt auch, dass sich ihr Mann mehr schonen müsste, er, den in Albträumen noch immer die Erlebnisse der Kindheit verfolgen.

Thomas Frankl ist zurück mit dem Buch, der Fernseher in der Küche überträgt eine Sendung über den Besuch des Bundespräsidenten in Israel, über das Erstarken der NPD in Deutschland. Frankl macht gar keine großen Worte dazu. Er sagt nur, sein Vater habe die Hoffnung niemals aufgegeben, und er werde das auch nicht tun. „Ich gebe die Hoffnung nicht auf, dass die Rechten in diesem Land keine Chance mehr haben." Vielleicht hat er das Gefühl, dass das zu wenig kämpferisch klingt, wo er doch ein Kämpfer ist und einer, der sich nicht schonen will. Und er ergänzt, dass er nicht aufhören werde, darüber zu reden, was geschehen ist, und die Bilder zu zeigen. Nein, sagt er, „nein, ich ducke mich nicht".

Anne Goebel

Auschwitzs schwarze Schatten

Für Fella Cederbaum war der Naziterror nie vorbei, obwohl sie ihn nicht selbst erlebte

An einem Wintervormittag im Februar in Jerusalem sagt Fella Cederbaum den einen Satz, der die Vergangenheit, die Gegenwart und die Zukunft ihres Lebens prägnant zusammenfasst: „Ich male die Bilder, weil die Bilder gemalt werden müssen." Von Beruf ist Fella Cederbaum Psychologin, von Berufung eine Künstlerin. In Boston führt sie eine Praxis, in der sie anderen Menschen hilft, sich im Leben zurechtzufinden oder, anders gesagt, die Hürden im Leben anzunehmen und sie zu überwinden, um anschließend aus ihnen Lehren zu ziehen. Sie spendet ihren Patienten Worte, Trost, Anregungen.

Sich selbst dagegen hat die 56-jährige Fella Cederbaum eine Therapie verordnet, die ganz ohne Worte auskommt: Sie braucht lediglich Ölfarben, Pinsel, eine Palette. Die Leinwände vor ihr füllen sich wie von selbst. Auf ihnen spiegelt sich ungeschminkt die Seele Fella Cederbaums. Es sind durchweg erschreckende Bilder. Sie müssen erschrecken, denn sie handeln von den Opfern aus Auschwitz – jenen, die dort waren, und jenen, die von den Opfern in der Nachkriegsära in die Welt gesetzt wurden. Auf den Bildern sind leidende Menschen zu erkennen, die schreien und jammern wie die Figuren Edward Munchs, schwarze Skelette heulen, dennoch pocht in ihnen, wie auf den Porträts Frida Kahlos, ein blutrotes Herz. Die Menschen auf den Bildern Fella Cederbaums lachen nie, sie weinen und sind immer nackt. Auf einem hockt am Bildrand ein Kind, das heult, das soll sie selbst sein, ihre nackten (und verletzten) Eltern halten sich umarmt – umgeben von schwarzen Totenköpfen. In der Brust von Lorenz Cederbaum, dem Vater, verbrennt ein Davidstern, auf seinem Arm prangt deutlich die KZ-Nummer aus Auschwitz-Birkenau.

Es ist nicht einfach, die Bilder anzuschauen. Sie tun weh. Aber für Fella Cederbaum, die sie Stück für Stück mit einem entwaffnenden Lächeln im Gesicht reicht, sind sie in gewisser Hinsicht einfach zu malen. Denn mit jedem Pinselstrich vermag sie, befreiter zu atmen. Jeder Pinselstrich nimmt ein Stück von jener Last, die Jahrzehnte auf ihr lagerte. Und sie braucht keine Erwartungen zu erfüllen: Die Bilder hat sie höchstens Freunden gezeigt und der Mutter, die sie scheußlich findet und wissen wollte, ob sie denn nicht schönere Motive malen könnte. Fella Cederbaum aber will ihre Bilder keinem Zweck unterwerfen, wie sie es formuliert, also nicht für eine Galerie oder ein bestimmtes Publikum malen, sondern nur für sich. „Die Bilder müssen nicht gefallen, sie brauchen nicht schön sein." Manche Freunde fangen bei ihrem Anblick an zu weinen, und wenn Fella Cederbaum das sagt, lächelt sie ein Lächeln, das ihr ganzes Gesicht einnimmt. Wie sie überhaupt sehr viel lächelt an diesem Wintervormittag in der Wohnung ihrer Eltern, von deren elftem Stock aus sich Jerusalem zu Füßen ausbreitet.

Bis zu jenem Moment, in dem Fella Cederbaum die Malerei für sich entdeckte, verlief ihr Leben zwar rein äußerlich in ruhigen Bahnen, aber innerlich brodelte es in ihr, „wie in einem Vulkan vor dem Ausbruch". In all den Jahrzehnten, seit der frühesten Kindheit, verging kaum eine Nacht, in der Fella Cederbaum nicht von Albträumen heimgesucht schreiend aufwachte. So fragte sie sich morgens gerädert: „Wie leben Menschen überhaupt?" Die Zeit kommt ihr so vor, als habe sie das Leid ihrer Eltern verinnerlicht – beide haben Auschwitz überlebt. Von all den 270 Familienangehörigen ihres Vaters und den mehr als hundert ihrer Mutter zusammengerechnet, sind 18 dem Holocaust entronnen.

Die Vernichtung der Juden durch die Nazis und die Fast-Auslöschung der beiden Familien war nur selten Thema in der Familie Cederbaum. Erst in Braunschweig, ab den sechziger Jahren in München, hatten sich die Eltern wieder völlig integriert in die deutsche Gesellschaft – zum Unverständnis der Tochter. Der Vater gründete eine Bauträgergesellschaft, die Mutter Paula war rege am Leben in der Jüdischen Gemeinde beteiligt. Den Vorwürfen von Fella Cederbaum, wie sie nach Hitler und Holocaust überhaupt in Deutschland bleiben könnten, wichen die Eltern mit stets demselben Satz aus: „Es wird keinen Holocaust mehr geben, Deutschland ist für Juden ein sicherer Ort." Die Eltern Fella Cederbaums wollten ihre Kinder mit

Geschichten aus der Vergangenheit verschonen. Fella Cederbaum erinnert sich, dass sie mit Fragen nach dem Konzentrationslager oder nach dem Ghetto von Lodz verstummte, „als ich das Leid in den Augen meines Vaters sah“. Fella Cederbaum hat den Holocaust nicht selbst überlebt, sie wurde quasi in das Erbe der Shoah hineingeboren, in das Jahr 1948, in dem sich das Nachkriegs-Deutschland bemühte, die Jahre 1933 bis 1945 abzuschütteln. Fella Cederbaum kam in Braunschweig zur Welt, wohin es ihre Eltern verschlagen hatte. Dort ging sie auch zur Schule, bis sie 14 Jahre alt wurde. Sie erinnert sich an die Verlogenheit damals, daran, dass sie in der Schule von den Mitschülern „seltsam“ behandelt worden sei. Es war für Fella Cederbaum fast unerträglich, mit anderen Kindern die Schulbank zu drücken, deren Eltern womöglich am Holocaust beteiligt waren. Auch empfand sie Misstrauen der Mitschüler ihr gegenüber. Nach einem Gespräch der Eltern mit der Klassenlehrerin schaute sie Fella Cederbaum mit einem ständigen Lächeln an, was ihr Gefühl damals noch mehr verstärkte, nicht dazuzugehören. Mit 14 Jahren verließ Fella Cederbaum Deutschland und ging nach England auf ein Internat, die Eltern wollten, dass sie dort Englisch lernte für die geplante Ausreise nach Australien. Doch dazu kam es nie. So zog Fella Cederbaum nach Israel, wieder zurück nach England und wieder zurück nach Israel.

Die Suche nach einem Platz, der ihr Heimat und innere Ruhe bieten könnte, endete erst Anfang der achtziger Jahre, als sie nach Boston zu einem alternativ-mystischen Psychologie-Workshop flog. Bei den Sitzungen dort stieß sie unverhofft auf den Grund ihrer Seelenpein. Plötzlich erinnerte sie sich an eine der wenigen Erzählungen ihrer Mutter von Auschwitz, an das Stöhnen und die Schreie der Frauen auf den Pritschen. Sie weinte damals viel. Die Tränen waren wie eine Reinigung, letztlich verhalfen sie ihr zum Malen, Jahre später. In München wird nun zum ersten Mal eines ihrer Bilder ausgestellt. Dabei empfindet sie zweierlei. Einerseits erscheint ihr jetzt der Zeitpunkt gekommen, die Bilder präsentieren zu können. Und dennoch, sagt sie „habe ich Herzklopfen“.

Thorsten Schmitz

Wie ein Rausch mitten im Hunger

Als Wendula Ott nach dem Krieg wieder zur Schule ging, fing ein neues Leben für sie an

Nylon – das Wort war Offenbarung und Versprechung. Nylon – immer wieder schrieben die Kinder es auf, das fremde Wort, das seltsame Wort. Und es gab noch mehr: Nescafé, Grape Fruit, Base-Ball, Toto, okay. Ein eigenes Heft hatte Wendula Ott für die neuen Fremdwörter, die neue Welt. Kostbarstes Papier für die Sprache des Todfeindes, der plötzlich kein Todfeind mehr war. Sie verstand nicht und schrieb trotzdem mit. Die neue Sprache war wie ein Rausch mitten im Hunger. Auf dem stundenlangen Nachhauseweg, in der überfüllten Trambahn eingeklemmt zwischen den Beinen der depressiven Erwachsenen, lernte Wendula Ott wie eine Besessene: How are you? Good. Ok. Thank you. Alles war kaputt, alles anders. Hitler war jetzt ein Verbrecher, die Helden waren Mörder, der verlorene Krieg war Befreiung. Wendula Ott hielt sich an die Schilder der Sieger, die an den Ruinen der Stadt hingen. „Drive carefully!" Die Kinder lernten schnell, sie waren hungrig.

So war das, als nach dem Krieg die Schule wieder begann. Wendula Ott hebt den Stundenplan hoch, Mädchen-Oberrealschule München-Nord, Wilhelmstraße. 60 Jahre ist das her. Als ihre Mutter vor vier Jahren starb, lag plötzlich dieser Plan da. Oben am Rand, als Verzierung, ein paar Zeichnungen aus der Nazizeit. Tanzende Kinder, die Kleider sammeln für den Volkssturm: „Lumpen her! Wir schaffen Kleider!" Darunter hat Wendula Ott in runder Kinderschrift ihren ersten Stundenplan nach dem Krieg aufgeschrieben. Das Leben ging weiter, auf dem altem Papier. Zeichnen, Deutsch, Naturkunde, Turnen, Rechnen, Musik, Religion. Und jeden Tag Englisch, bis auf Freitag. Das war neu.

Mit Krätze zwischen den Fingern und Frostbeulen an den Füßen ging Wendula Ott, geborene Wendula Mirschel, am 2. 11. 1945 in München wieder in die Schule. Es war wie eine Befreiung – endlich war Schluss mit dem Nazi-Erziehungs-Drill, endlich wieder Kinder, endlich wieder Alltag, endlich wieder ein wenig Halt in diesem gigantischen Durcheinander. Sie war zehn Jahre alt und monatelang nicht mehr in der Schule gewesen. Krieg, Bombenalarm, die Flucht von Görlitz nach München, der Treck nach Westen, Lärm, Schüsse, Tote, Patronen wie Nuggets, Scheidung der Eltern, Kriegsende. Ein ganz normales Kriegsschicksal. Wendula Ott ist eines wichtig: Dies ist kein Jammern, sondern ein Erinnern. „Ich nehme Deutschland in die Gesamtverantwortung."

Ein Erinnern an eine Kindheit ohne Orientierung. Plötzlich rannten alle Richtung Westen, Richtung Amerikaner, Richtung Feind. Es gab keine Durchhalteparolen mehr, keine Wunderwaffen. Du sollst nicht stehlen, sagten die Eltern vor dem Krieg, jetzt schickten sie ihre Kinder los, wenn es etwas zu klauen gab. Du sollst nicht jammern, sagten die Eltern vor dem Krieg, jetzt jammerten sie selber, wegen all der Toten, der verlorenen Häuser, der Schande. Vor dem Krieg zog man sich aus, um zu schlafen, jetzt zog man sich an, wegen der Kälte.

Und dann war plötzlich wieder Schule: an einem anderen Ort, in einer fremden Stadt, mit fremden Kindern und neuen Werten. Alles war neu: die Themen, die Methoden, die Offenheit, das Internationale. Alles war spannend, nach der Indoktrination der Nazis. Nur Latein, nein, Latein konnte Wendula Ott nicht ausstehen. „De Bello Gallico", „De Bello Africo". Schon wieder Krieg. Sie hasste Latein und liebte das Essen. Die Schulspeisung war Erlösung. Kein größeres Thema gab es als das Nach-unten-Sacken der Rosinen. Auch das hat sie aufgehoben, bis heute, eine Verpackung der amerikanischen Schulspeisung: 350 Kalorien, hergestellt aus amerikanischen Rohstoffen.

Der Stundenplan liegt da, in einer Klarsichthülle, auf einem Tisch in Wendula Otts Wohnung in München. Mit dem Stundenplan kommen die Erinnerungen. Auch an die erste Begegnung mit dieser Stadt, in die sie nach der Flucht aus dem Osten kam. So lange sie denken kann, hatten die Eltern von München geschwärmt. Doch dann stand sie da, zur Entlausung in der Innenstadt. Ein Trümmerfeld. Sie war ein behütetes Kind, war geflohen aus der unbeschädigten Stadt Görlitz, und jetzt diese Überrestestadt, wo sich Wege

über Schuttberge auf der Höhe des ersten Stocks hinzogen. Wendula Ott sagt: „In dieser Zeit wirkten die Erwachsenen so besorgniserregend erschöpft, so gar nicht mehr großartig."

Die Kinder erholten sich schneller. „Nach Krieg und Flucht ist man nicht mehr jung. Wir waren helle, aufmerksam und sehr kritisch. Aber diese Helligkeit war zu teuer bezahlt", sagt Wendula Ott, blättert in alten Schulheften. In einem der Hefte steht vorne ein Aufsatz vom 21. 1. 1945, in Görlitz geschrieben, vor der Flucht. „Unsere Volksopfer." Wendula Ott liest vor, dann stockt sie. „Das war mein Nazischulgift", sagt sie. Hinten im Heft steht ein Englischdiktat aus dem Jahr 1947, in München geschrieben: „Scotland was poor." Verkehrte Welt. Plötzlich waren wieder jüdische Kinder in der Schule, wie Zauberwesen, Überlebende, denen man keine Fragen stellte. Es war das Jahr eins nach dem Krieg. Es war das Jahr, in dem ihr die Mutter einen Adventskalender bastelte. Aufwändig, mit Pergament und Bemalung, mit Heile-Welt-Bildern und Türen zum Aufklappen. Ein Trostkalender. Das Begreifen der Schuld kam später. Überhaupt hatte die Mutter die unsinnigsten Dinge mitgebracht aus der Heimat. Engelchen, Holzspielzeug. „Das war unser Fluchtgepäck", sagt Wendula Ott, schüttelt den Kopf, lächelt. Es war das Jahr, in dem sie auf dem Bauernhof in Fröttmaning, auf dem sie mit der Mutter lebte, Jules Verne auf Französisch als Klopapier benutzten. Es war das Jahr, in dem sie beschloss, Übersetzerin zu werden.

So war das: Der Krieg war aus, und es ging weiter. Einfach so, als wäre in den Jahren davor nichts passiert. Kinder, heute lernen wir den Neuanfang. Ok. Thank you.

Karin Steinberger

Billig
Speck
Wiener
Feinster
Saft Schinken

A.KAISER
Eildienst
WÄSCHESTUBE

Hinke

MARIUS
ORPHÉE

Ein Anker in die Vergangenheit

Die Wahrheit ist für jeden anders: von Leihgebern, Fundstücken und ihrer Geschichte

Die Kulturmanagerinnen Marta Reichenberger und Tatiana Hänert von der Agentur „Kulturvergnügen“ haben die Leihgeber der Ausstellung „Der Krieg ist aus“ betreut und die Fundbüro-Termine organisiert, an denen Münchner Gegenstände, die sie an den Krieg erinnern, abgeben konnten. In langen, teils sehr intensiven Gesprächen mit den Leihgebern haben sie die dazugehörigen Geschichten für die Ausstellung aufgeschrieben.

Was für Menschen kamen zu den Fundbüro-Terminen?

Tatiana Hänert: *Es kam überwiegend die Generation, die das Kriegsende mitbekommen hat. Menschen, die 1945 mindestens fünf Jahre alt waren. Außerdem kamen deren Kinder, die mittlerweile auch schon zwischen 50 und 60 Jahre alt sind, die etwas geerbt haben, wovon sie wussten, dass es den Eltern kostbar war. Es kamen auch ein paar jüngere Leute. Einer brachte eine Art Überlebenskiste, in der sein Großvater noch bis zur Kuba-Krise 1962 Lebensmittel gesammelt hatte.*

Marta Reichenberger: *Man lächelt darüber oder man findet es kurios, aber es zeugt von der tiefen Verunsicherung derer, die den Krieg erlebt haben.*

Nach welchen Kriterien haben Sie die Fundstücke ausgesucht?

Hänert: *Das wesentliche Merkmal der Ausstellung ist, dass nicht das Objekt im Mittelpunkt steht, sondern der Leihgeber mit seiner Geschichte.*

Wie reagierten die Spender, wenn Sie etwas ablehnten?

Hänert: *Meine Erfahrung war, dass die Leute das verstehen. Die Ausstellung wurde in der Vorbereitungsphase immer wieder neu gewichtet. Viele Fundstücke wurden zu Gunsten von anderen Objekten, deren Geschichte noch berührender ist, wieder zurückgestellt. Wir haben aber nichts leichtfertig geändert. Es ging ja nicht darum, das spektakulärste Objekt auszustellen.*

Reichenberger: *Ich würde es noch nicht mal Ablehnung nennen. Ich glaube, dass auch die Menschen, die zu Hause nachgeschaut haben, in der eigenen Familie auch ein Stück Erinnerungsarbeit geleistet haben.*

Welche Art von Fundstücken hatten Sie ursprünglich erwartet?

Reichenberger: *Eher nette Objekte wie Lucky Strikes oder Nylonstrümpfe. Aber dass wir mit so vielen dramatischen Kriegserfahrungen konfrontiert werden, hätte ich nicht erwartet.*

Hänert: *Ich denke, es hängt damit zusammen, dass es bestimmte Stereotype gibt, die sich verfestigt haben. Das Kriegsende wird sehr schnell mit dem Fräuleinwunder und dem Aufschwung assoziiert. Das ist das erste, woran man denkt. Aber es war von Anfang an so, dass viel differenziertere Fundstücke gebracht wurden.*

Haben Sie einige Gegenstände auf den ersten Blick unterschätzt?

Reichenberger: *Oft vermutet man erst mal nicht, was für die Besitzer in den Objekten drin steckt. Das passt oft kaum in ein einziges Leben. Das haben wir immer wieder erlebt. Besonders bei einem Fundbüro-Termin stand dieses Trauma im Mittelpunkt.*

Hänert: *Da kam ein Mann mit einem kleinen Päckchen mit einem Nylonstrumpf in verschiedenen Fertigungsphasen. Er war gelernter Strumpfwirker und in Italien in Kriegsgefangenschaft gewesen. Weil er keine Bewerbungsunterlagen hatte, hat er sich mit dem Strumpf bei einer Firma in Pforzheim beworben. Als er dort angestellt wurde, fing sein Leben wieder an. Als er das erzählte, war dieser Mann wirklich unter Tränen. An so eine Geschichte denkt man natürlich überhaupt nicht, wenn jemand mit Damenstrümpfen ankommt.*

Reichenberger: *Es war auch sehr spannend, wie die verschiedenen Leihgeber untereinander Kontakt aufgenommen haben. Da kreuzten sich die Erinnerungen, manchmal sogar die Orte. Das war wie eine Landkarte Münchens, die sich über die Fundstücke ausbreitet. Es besteht immer noch ein großes Erzählbedürfnis.*

Hänert: *Bei vielen hat sich beim Erzählen die Stimme verändert, sie wurde zittrig, der Atem ging schwer. Man hatte den Eindruck, dass sie richtig in ihre Erinnerung eintauchen. Da hat man gesehen, wie tief vergraben diese Erfahrungen gewesen sein müssen.*

Reichenberger: *Der Gegenstand, der vor den Menschen auf dem Tisch lag, wirkte wie ein Anker in die Vergangenheit. Dadurch konnten sie ihre Erinnerungen differenzierter und intensiver abrufen, als wenn sie sie aus dem Kopf erzählt hätten.*

Spielt eigentlich Schuld eine Rolle in den Geschichten der Leihgeber?

Hänert: *Die Ausstellung wertet nicht, sie fordert nicht ein: Sag mir, was du im Nationalsozialismus gemacht hast. Ich denke aber, dass unterschwellig die Auseinandersetzung mit Schuld und Verantwortung, je nach dem, wie alt man war, arbeitet. Aber sie ist in den Geschichten selten ein Thema.*

Reichenberger: Die Ausstellung zeigt verschiedene Aspekte, je nachdem, wie die Menschen den Krieg und die Nachkriegszeit erlebt haben. Ob als Opfer, Täter, Mitläufer oder Verfolgte.

Gab es schwierige Situationen wie die Konfrontation von Opfern und Tätern?

Hänert: *Ich hatte einen Anruf von einer Frau, die sich an der scheinbaren Niedlichkeit der Objekte, die auf dem Flyer abgebildet sind, stieß. Mit ihr habe ich lange gesprochen. Das andere war das Aufeinanderprallen zweier Positionen beim ersten Fundbüro-Termin. Beide waren im Grunde überzeugte Antifaschisten, aber ...*

Reichenberger: *...da war eine ungeheure Rivalität, wer die „Wahrheit“ richtiger und besser wiedergeben könne. Das ist auch eine Qualität dieser Ausstellung, dass sie dem subjektiven Erleben Raum gibt. Jeder Leihgeber hat seine authentisch-intensiv erlebte Wahrheit.*

Was sollen die Besucher von der Ausstellung mitnehmen?

Hänert: *Da kann ich nur von mir sprechen, ich habe mich bis zur Mitarbeit an der Ausstellung für gut informiert gehalten. Ich merke jetzt aber, dass ich nur einen winzigen Zipfel des Ausmaßes der seelischenErschütterungen zu fassen gekriegt habe. Eine Leihgeberin hat über die Kriegszeit so treffend gesagt: „Man muss es sich vorstellen, dass man sich es nicht vorstellen kann.“ Ich würde mir besonders für die Spätergeborenen wünschen, dass sie in diese Ausstellung gehen und ein Gespür dafür entwickeln.*

Reichenberger: *Die Ausstellung zeigt, dass unser Handeln noch immer von Ereignissen, die vor 60 Jahren stattfanden, bestimmt wird. Auch wenn wir selber den Krieg nicht erlebt haben. Die Notwendigkeit, das aufzuarbeiten, ist ein Grund für diese Ausstellung.*

Interview: Jenny Hoch

Historische Stichworte

Bombenkrieg

Den ersten Luftangriff seiner Geschichte hatte München bereits im Ersten Weltkrieg erlebt. Am 21. November 1916 hatte ein französischer Fliegerhauptmann mit seiner Maschine sechs Bomben über der Innenstadt abgeworfen, vier davon explodierten, hatten aber nur Sachschäden verursacht. Es war der einzige Bombenangriff auf die Stadt in diesen Jahren.

Dass es in einem Zweiten Weltkrieg anders kommen würde, war im Grunde schon 1933 absehbar. Denn die Nazis bereiteten die Bevölkerung ja durchaus auf den kommenden Krieg vor: mit makabren „Luftschutzwerbetagen" wie im August 1933, mit Übungen an Schulen, mit Planspielen, Anordnungen und nicht zuletzt den Bau von Luftschutzbunkern. Der freilich ging schleppend voran, und so standen bei Kriegsausbruch 1939 erst 34 von 169 geplanten öffentlichen Luftschutzräumen mit einem Fassungsvermögen von maximal 50 bis 200 Personen zur Verfügung. Mit einem derart umfassenden Luftkrieg, wie er dann kommen sollte, hatten wohl selbst die Nazi-Verantwortlichen nicht gerechnet. Dabei hatte Deutschland selbst die Grundlagen für die Eskalation des Luftkriegs gelegt: schon während des Spanischen Bürgerkriegs mit den Angriffen der „Legion Condor", zu Beginn des Zweiten Weltkriegs dann mit den verheerenden Bombenangriffen auf Warschau, Rotterdam und Coventry.

München als „Hauptstadt der Bewegung" war im Verlauf des Zweiten Weltkriegs natürlich ein wichtiges Ziel für die Alliierten. Der erste von insgesamt 73 Bombenangriffen ereilte die Stadt bereits am 10. März 1940; die britischen Flieger warfen jedoch nur Leuchtbomben ab, weitere Einzelheiten sind nicht festgehalten. Damals lebten noch rund 853000 Menschen in der Stadt; eine Zahl, die sich bis zum Ende des Krieges fast halbieren sollte – wegen Evakuierungen, mehr oder weniger freiwilliger Flucht aufs Land oder schlicht und einfach, weil Wohnungen und Unterkünfte ausgebombt waren.

Die obdachlos Gewordenen aber waren immerhin noch mit dem Leben davongekommen. Nach dem letzten Luftangriff auf München am 29. April 1945 kam die amtliche Statistik auf eine Gesamtzahl von 6632 Münchner Todesopfer als Folge des Luftkriegs, darunter 435 Kinder. An die 15800 Menschen waren verletzt worden. Zu den Opfern gehörten auch viele ausländische Zwangsarbeiter, zumeist aus Osteuropa, und die in München lebenden Juden, die bei Luftangriffen nicht in die Bunker und Luftschutzräume durften.

Nicht in Zahlen zu fassen sind die seelischen Schäden und Traumata, die die ständige Bedrohung hinterlassen hatte. Und die Angst war allgegenwärtig gewesen. Immerhin, so die Statistik, hatten die Sirenen in den letzten Kriegsjahren beinahe täglich mehrmals geheult, seit dem 18. März 1944 griffen die Bomber die Stadt auch tagsüber an. Insgesamt hatte es in der Stadt 1622 mal Luftalarm gegeben. Auch über die abgeworfenen Bomben hatte die Stadtverwaltung penibel Buch geführt. Sie kam auf 453 Minen, 60766 Sprengbomben (mit einem Gewicht bis zu 2000 Kilogramm), 142514 Phosphor- und Flüssigkeitsbrandbomben sowie 3315300 Stabbrandbomben. Diese Zahlen sind logischerweise nur Schätzungen. Aber auch so schon schrecklich genug.

Franz Kotteder

Wohnungsfrage

Verglichen mit anderen Großstädten war München im Krieg relativ glimpflich davongekommen – trotzdem war fast die Hälfte der Bausubstanz zerstört. Vor allem die Altstadt war Opfer der Fliegerbomben geworden. 90 Prozent der Gebäude waren zerstört. Um die Schuttberge zu beseitigen, waren in den Nachkriegsmonaten bis zu 14 Dampfzüge gleichzeitig auf einem 50 Kilometer langen Kleinbahnnetz im Einsatz. Bis 1948 waren von den fünf Millionen Kubikmeter Schutt bereits so viel Geröll aus der Stadt abtransportiert worden, dass man damit bequem die Cheopspyramide hätte auffüllen können. Von den mehr als 60000 Häusern innerhalb des Altstadtrings waren bei Kriegsende nur 1270 Bauten unversehrt geblieben.

Entsprechend hoch war die Zahl der Obdachlosen. Etwa 300000 Menschen hatten im Mai 1945 ihr Zuhause verloren. Wohnungsbaureferent Karl Sebastian Preis berichtete dem Stadtrat, von den 257000 Wohnungen, die es vor Kriegsbeginn in München gegeben hatte, seien nur noch 175000 bewohnbar. 80 Prozent davon waren mehr oder weniger stark beschädigt. Reparaturen waren meist nicht möglich, weil es an Baumaterial mangelte. So waren von den mehr als drei Millionen bestellten Fensterscheiben nach einem Jahr nur knapp zwei Millionen in der Stadt eingetroffen. In den ersten zwölf Monaten nach Kriegsende konnte bei 11851 wieder hergestellten Wohnungen nur ein Zehntel des nötigen Wohnraums geschaffen werden. Die Einschätzungen zum Wiederaufbau waren entsprechend pessimistisch. Nach dem Jahresbericht des Baureferenten am 26. September 1947 lautete die Überschrift in der SZ: „Wiederaufbau bis zum Jahr 2000".

Durch den Flüchtlingsstrom aus den Ostgebieten, von dem Bayern und Schleswig-Holstein die Hauptlast zu tragen hatte, verschärfte sich die Wohnungsnot zusätzlich. Die Bevölkerung Bayerns wuchs durch 1,7 Millionen Flüchtlinge um nahezu ein Viertel. Auch wenn die meisten Menschen auf Dörfer verteilt wurden, musste München 62000 Menschen aufnehmen. An den vier wichtigsten Ausfallstraßen wurden Durchgangslager errichtet. 25 Flüchtlingsheime waren im gesamten Stadtgebiet verteilt.

Neben den Neubürgern kehrten auch 400000 Münchner zurück, die während der letzten Kriegsjahre ins sicherere Umland geflohen waren oder im Dienst der Wehrmacht gestanden hatten. Während sich die Bevölkerung im Mai 1945 mit 479000 Menschen gegenüber 1939 fast halbiert hatte, war die Einwohnerzahl ein Jahr später fast wieder auf Vorkriegsniveau. Durch die fehlenden Wohnungen lebten statistisch in jedem Zimmer 1,2 Personen, zwei Jahre später waren es sogar 1,35 Bewohner.

Eine gerechte Verteilung des knappen Wohnraums sollte durch die so genannten „Wohnraumbewirtschaftung" des Wohnungsamtes gewährleistet werden. Das Wohnungsamt war schon in den letzten Kriegsmonaten zu einer viel beschäftigten Behörden geworden. Nach der Kapitulation hatte das Amt aber massiven Personalmangel. Von 690 Mitarbeitern, die bis dahin die Wohnungsvergabe in München organisierten, überstanden nur sieben die Entnazifizierung der Verwaltung. Der schnell angeworbene Ersatz war kaum in der Lage, die Nachfrage in geordnete Bahnen zu lenken, geschweige denn, selbst freien Wohnraum aufzuspüren oder Belegungen zu überprüfen.

Die Wohnungsfrage wurde brisant, als die US-Truppen begannen, ihre Stützpunkte in Süddeutschland auszubauen. Nach einzelnen Haus-Beschlagnahmungen – meist bei „belasteten" Personen, also ehemaligen Parteigenossen und NS-Funktionsträgern – begannen Militärregierung und UN 1946 mit großflächigen Räumungen, um Büros und Privatwohnungen für ihre Mitarbeiter und deren Angehörige zu schaffen. Im April 1946 wurde das Stadtgebiet zwischen Tiroler Platz, Magnusstraße und Perlacher Forst bis zur Großhesseloher Brücke mit Stacheldraht umzäunt. Bis Ende des Monats waren 144 Mietshäuser, 241 Ein- und Zweifamilienhäuser und 90 gewerbliche Gebäude für die „Inbesitznahme von Angehörigen des US-Militärs und Zivilpersonen" ausgewählt. Einen Monat später wurden noch einmal 121 Wohnungen, 106 Häuser und 38 behördliche Objekte geräumt. Die 1037 bisherigen Bewohner wurden in zehn Baracken an der Baierbrunner Straße untergebracht. In anderen Stadtteilen mussten 469 Münchner ihre Wohnungen der Militärregierung überlassen. Im Juli erreichte die Beschlagnahmeaktion in Harlaching ihren Höhepunkt. Innerhalb eines Monats mussten 2028 Menschen ihre Koffer packen. Als kurz vor dem Winter nochmals 14000 Wohnräume beschlagnahmt wurden, drohten Unruhen. Nach ersten öffentlichen Protesten gegen die Militärregierung sah sich Oberbürgermeister Karl Scharnagl im Dezember 1946 veranlasst, die Bevölkerung über eine Radioansprache auf Radio München zur Besonnenheit zu mahnen. Die Situation entspannte sich, als der amerikanische Oberbefehlshaber den regionalen Militärregierungen 1947 das Recht entzog, Wohnraum zu besetzen. Beschlagnahmungen mussten von da an zentral von Berlin aus angeordnet werden.

Marco Eisenack

Stadtregierung

München wurde letztlich von einem Jeep der 7. US-Armee befreit. Der kleine Wagen erreichte als erster das Rathaus. Viele Bewohner staunten, als sie keine Schützenpanzer, sondern nur einen kleinen Jeep mit Begleitfahrzeug über die Arnulfstraße Richtung Marienplatz steuern sahen. Ernst Langendorf, Presseoffizier, hatte versehentlich die Frontlinie an der Friedenheimer Brücke überquert. Um 16 Uhr erreichte er den Marienplatz und war wenig später von jubelnden Menschen umringt. Insgesamt soll es beim Einmarsch der Amerikaner nur in Pasing, am Maximilianeum und in der Ludwigsstraße leichten Widerstand gegeben haben.

Das Rathaus in München war von NS-Oberbürgermeister Karl Fiehler schon zwei Tage zuvor verlassen worden. So fanden die US-Soldaten nur ein paar Beamte des Ernährungsreferates vor. Sie wurden mit in das provisorische Hauptquartier am Botanischen Garten genommen und unterzeichneten, mangels offizieller Stadtvertreter, die Kapitulationsurkunde der Stadt. Wie in allen größeren Orten übernahm ein Stadtkommandant die Verwaltung – in München trat Eugene Keller das Amt am 1. Mai an und errichtete im Rathaus das „Military Government". Keller war einer der US-Offiziere, die mit einer speziellen Ausbildung auf die Regierungsarbeit während des Wiederaufbaus vorbereitet worden waren. Im Vorfeld hatte die US-Armee auch ein Buchstabensystem erstellt, mit dem Orte, Kreise und Bezirke geordnet wurden. München wurde zu „F-213". Der Ingenieur Keller war Sohn einer Schweizerin und sprach daher fließend Deutsch. Sein Stellvertreter war Davis R. Blossom, ein Rechtsanwalt aus New York, der sich in München um die Justiz kümmerte. Ein New Yorker Polizist, Frank C. Smith, wurde Leiter der Abteilung „Public Safety". Eine Stelle für „Historical Information and Political Intelligence" wachte über das politische Leben und wurde von Robert K. Lieding aus Wisconsin geleitet. Ein ehemaliger Bürgermeister aus Kansas, Wendell W. Perham, wurde Executive Officer und zweiter Stellvertreter Kellers. Ein gefürchteter Mann in der Militärregierung war Kurt A. Baer. Der Unternehmer aus Philadelphia war Leiter des „Denazification Office" und leitete die Säuberung der Verwaltung. Während die Militärregierung die alleinige legislative und exekutive Macht inne hatten, wurden vom ersten Tag an, mit Hilfe zuvor erstellter Listen, einheimische Politiker gesucht, die die Verwaltung übernehmen sollten.

Als erstes ordnete Eugene Keller die Festnahme Fiehlers an, der seit 20. März 1933 die Stadt regiert hatte. Um einen Nachfolger zu finden, holten sich die Amerikaner Rat bei Kardinal Faulhaber. Der Kardinal empfahl, den von den Nazis abgesetzten Ex-OB Karl Scharnagl (BVP) zurück ins Amt zu holen. Der katholisch-konservative Scharnagl hatte von 1925 bis 1933 regiert. Bevor Scharnagl am 4. Mai aus einem Dorf bei Glonn abgeholt werden konnte, übernahm, ebenfalls auf Empfehlung Faulhabers, der Würzburger Ex-OB Franz Stadelmayer für zwei Tage das Bürgermeisteramt. Stadelmayer übte das Amt des 2. Bürgermeister aus, bis seine ehemalige NSDAP-Mitgliedschaft am 1. Dezember 1945 öffentlich wurde und die Militärregierung ihm die Ausübung aller öffentlichen Ämter verbot. Vier Jahre später wurde Stadelmayer bis 1956 Oberbürgermeister Würzburgs und langjähriger Intendant des Bayerischen Rundfunks. Auf seinen Bürgermeister-Posten rückte Thomas Wimmer (SPD) nach, der sich bis dahin als 3. Bürgermeister bei der Brennstoffversorgung einen Namen als Organisationstalent gemacht hatte.

Scharnagls dringlichste Aufgabe war es, einen Übergangs-Stadtrat zu bilden. Er berief 36 Stadträte und 15 Referatsleiter, bei der alle großen gesellschaftlichen Strömungen, auch die KPD, berücksichtigt werden sollten. Am 1. August 1945 trat der erste Stadtrat zusammen.

Auch wenn die Militärregierung alle Machtbefugnisse hatte, war die Verantwortung der damaligen Oberbürgermeister relativ groß. Nachdem die staatliche Ordnung komplett zusammengebrochen war, blieben die Kommunen einziges Verwaltungsorgan. So entstand eine fast mittelalterliche Kleinstaaterei: Jede Kommune war zunächst auf sich allein gestellt und eine selbstständige kleine Wirtschaftsrepublik. Der Bürgermeister war nicht nur für die Stadtverwaltung zuständig, sondern auch für die Reichsbahn, Energie, Post und vieles mehr.

Am 26. Mai 1946 durften die Münchner das erste Mal seit 13 Jahren frei wählen. Mit 20 Sitzen konnte die CSU die Kommunalwahl gewinnen, worauf Scharnagl vom Stadtrat zum Oberbürgermeister gewählt wurde. Die SPD bekam 17 Sitze, die Wirtschaftliche Aufbauvereinigung (WAV) erhielt einen Sitz, die KPD kam auf zwei Sitze. Zwei Jahre später musste sich Scharnagl bei den Kommunalwahlen am 30. Mai 1948 dem SPD-Mann Wimmer geschlagen geben. Die Bayernpartei hatte die CSU überholt. Wimmer blieb bis 1960 im Amt. *Marco Eisenack*

Ernährung und Gesundheit

Wenn die Nationalsozialisten aus dem Ersten Weltkrieg überhaupt eine Lehre gezogen hatten, dann die, dass die eigene Bevölkerung ausreichend mit Lebensmitteln versorgt sein will. So konnten die Deutschen auch 1945 noch aus vergleichsweise reichen Vorräten schöpfen – auf Kosten der Menschen in den besetzten Ostgebieten. Nachdem die Versorgung aus dem Osten zusammengebrochen war, wurden Hunger und Krankheiten zum größten Problem der Nachkriegszeit. Viele Münchner konnten ihr Überleben nur durch Freunde auf dem Land oder durch die berühmten Hamsterfahrten vor die Tore der Stadt sichern. Neben den Kriegsfolgen waren auch extrem trockene Sommer und kalte Winter eine Ursache der schlechten Lebensmittelversorgung. Die erste Dürre kam im Frühjahr 1946, wodurch die Kartoffelernte miserabel ausfiel. Im Winter darauf ließ ein Jahrhundertwinter die Wasserleitungen gefrieren, bevor im Sommer eine zweite Dürre den Großteil des Getreides verdorren ließ. Da die Versorgung der Bevölkerung nahezu ausschließlich über Essensmarken sichergestellt werden sollte, ist die Ernährungslage der Bevölkerung gut dokumentiert. Wenn die Uno heute Essenspakete in Krisenregionen verteilt, enthält die Standardration 2100 Kalorien. Die Münchner Bevölkerung bekam bis April 1946 pro Kopf gerade mal 1550 Kalorien zugewiesen. Dann wurde noch einmal gekürzt, auf 1275 Kalorien. Im Mai wurden sogar nur mehr 1180 Kalorien zugeteilt. Nachdem die Vereinten Nationen im Sommer 1946 bei einem groß angelegten Gesundheits-Check alarmierende Ergebnisse dokumentiert hatten, wurde die Ration wieder aufgestockt. Laut Gesundheitsbericht wog der durchschnittliche Mann zwischen 20 und 39 Jahren damals 61,1 Kilo, Frauen brachten 51,8 Kilo auf die Waage. Etwas schwerer waren die Frauen zwischen 40 und 49 Jahren, sie wogen 52,7 Kilo, die Männer 60,7 Kilo. Am dünnsten waren die über 60-Jährigen: Männer wogen 58,5 Kilo, Frauen 51 Kilo. Auch 55 Prozent der Kinder waren unterernährt. Die schwachen Abwehrkräfte der abgemagerten Kinder führten dazu, dass im Rekordwinter '45/'46 bei einer großen Untersuchung nur 22 Prozent der Kinder als gesund eingestuft werden konnten. Daraufhin initiierte die Militärregierung ein Schulspeisungssystem, das aber erst im Juni 1946 anlief. So sollte sichergestellt werden, dass jeder Schüler einmal täglich 400 Kalorien bekommt. Die größten Engpässe sollten allerdings erst kommen. Nach langem Winter und Hitzesommer, Energiekrise und Transportproblemen gab es 1947 eine Nahrungsmittelknappheit, die zur Folge hatte, dass sogar die Schulspeisung um fast ein Drittel gekürzt wurde. Im Sommer führte die schlechte Ernährungslage und das von der Militärregierung verhängte Brauverbot schließlich zu Hungerstreiks auf dem Marienplatz.

Für die Hungersnot waren aber nicht nur die ausbleibenden Lieferungen aus dem Osten und die extreme Witterung verantwortlich. Es spielte wohl auch der Arbeitskräftemangel in der Landwirtschaft eine Rolle, der sich auftat, nachdem die Zwangsarbeiter in die Freiheit entlassen worden waren. Außerdem fehlten Düngemittel und Pestizide, wodurch sich etwa im Frühjahr 1945 der Kartoffelkäfer so vermehren konnte, dass die Militärregierung im Juli alle Deutschen über zwölf Jahren aufforderte, sich an der Kartoffelkäferjagd zu beteiligen. Aber auch die Landwirte standen in der Kritik. Ihnen wurde vorgeworfen, ihre Waren auf dem Schwarzmarkt zu verkaufen, anstatt der Ablieferungspflicht nachzukommen. Eines der schwerwiegendsten Probleme war aber der Energienotstand, der die Verarbeitung und den Transport von Fleisch und Getreide behinderte.

Die Konsequenz der Mangelernährung war eine Ausbreitung der so genannten Hungerseuchen Tbc und Typhus. Im Sommer 1945 gab es im Münchner Umland eine erste Typhus-Epidemie, der 284 Menschen zum Opfer fielen. Die befürchtete Tbc-Seuche, die nach Befürchtungen des Stadtrates bis zu 3000 Todesopfer hätte fordern können, konnte durch Sicherheitsvorkehrungen verhindert werden.

Die häufigsten Krankheiten waren Hautkrankheiten und grippale Infekte. Im Winter '46 lagen bis zu 35 Prozent der Bevölkerung krank im Bett. Zu einer Volkskrankheit wurden auch die Geschlechtskrankheiten. Im ehemaligen Hansaheim wurde eigens ein Krankenhaus für Geschlechtskrankheiten eingerichtet. Obwohl das US-Militär das Wundermittel Penicillin zur Verfügung stellte, konnte die Epidemie lange nicht unter Kontrolle gebracht werden. Im Oktober 1946 äußerte Oberbürgermeister Scharnagl seine große Besorgnis über die große Zahl von erkrankten Kindern und Jugendlichen. Zu dem Zeitpunkt waren beim Gesundheitsamt 204 Kinder und 2000 Jugendliche als geschlechtskrank erfasst. Insgesamt infizierten sich in dem Jahr 28882 Münchner mit einer Geschlechtskrankheit. *Marco Eisenack*

Kriminalität

Welchen Stellenwert Recht und Gesetz in den Jahren nach dem Krieg hatten, zeigt eine Zeitungsnotiz aus dem Jahr 1946: „Der Münchner Schwarzhandel ist eigentlich gar nicht schwarz, wie man es meinen könnte, sondern wenn man die Marktplätze am Isartorplatz, an der Corneliusbrücke, am Deutschen Museum usw. besucht, könnte man den Eindruck gewinnen, es handelt sich um lizensierte Geschäftsleute." Wie bei regulären Händlern gab es bestimmte Plätze für verschiedene Branchen. Der Schwarzmarkt war bis zur Währungsreform am 21. Juni 1948 ein gewöhnlicher Ort, um sich Dinge des täglichen Bedarfs zu besorgen. Die Mängel des staatlichen Bewirtschaftungssystems schufen mit Rationierung und Bürokratie den idealen Nährboden für Schieber und Hehler. Auf den illegalen Märkten konnte mit vier Währungen bezahlt werden: Lebensmittelmarken, Reichsmark, Besatzungsgeld und dem stabilsten Zahlungsmittel, der Zigarette. Dabei waren die Preise für Menschen, die einer legalen Arbeit nachgingen, oft unerschwinglich. So verdiente ein Facharbeiter 200 Mark, ein Polizist 500 Mark im Monat – dafür bekam er auf dem Schwarzmarkt fünf Tafeln Schokolade, vier Pfund Butter oder sechs Schachteln Chesterfield. Das billigste Paar Schuhe kostete um die 400 Mark, ein Fahrrad bis zu 2000 Mark. Kein Wunder, dass immer weniger Menschen bereit waren, ihr Geld auf dem regulären Arbeitsmarkt zu verdienen. Um nicht als Schwarzhändler aufzufallen, machten sich viele Menschen scheinselbständig. So kam es Ende 1946 zu einem so umfassenden Arbeitskräftemangel – es gab zum Beispiel 1500 Architekten, aber nur 3000 Maurer

– dass bereits geplant wurde, mehrere tausend Arbeiter nach München zu holen. Das Ausmaß der Schattenwirtschaft war unter anderem der Grund für einen eintägigen Generalstreik, zu dem der Bayerische Gewerkschaftsbund am 23. Januar 1948 aufrief, und dem die Münchner Arbeiter in großer Zahl folgten. Unter Spruchbändern wie „Schwarzhändler sind Mörder" forderten sie eine strengere Bestrafung der Schwarzhändler.

Tatsächlich galt München in den Nachkriegsjahren als europaweite Drehscheibe des illegalen Warenverkehrs und größter Schwarzmarkt des zusammengebrochenen Reiches, wofür unter anderem ein deutsch-amerikanischer Schieberring verantwortlich gewesen sein soll. Polizeipräsident Franz Xavier Pitzer nannte München „Mekka des Verbrechertums". Aber der Personalmangel der Münchner Polizei und andere Prioritäten der Militärregierung ließen nur selten Razzien im großen Stile zu. Eine der wenigen großen Aktionen gegen die Märkte gab es am 16. August 1946. Die US-Armee kesselte die Händler an der Corneliusbrücke ein und nahm 518 Personen fest. Ein zufällig anwesender SZ-Reporter schätzte, dass eilig weggeworfene Waren und Geld im Wert von 100 000 Mark die Isar hinunterschwammen.

Es gab auch zahlreiche Gewaltverbrechen. Von dem Zeitpunkt an, als Ende Mai 1945 die Polizei aufgelöst wurde, bis zur Wiedereröffnung des Amtsgerichts am 13. Juli des gleichen Jahres wurden in München 421 Morde gezählt, 95 Menschen galten als vermisst. 1946 wurden die Christmetten aus Sicherheitsgründen in den frühen Nachmittag vorverlegt. Auch wenn die Zahl der Morde schnell gesenkt werden konnte, wurden 1947 noch 79 Menschen umgebracht. Ein Problem waren vor allem heimatlos gewordene Vertriebene und ehemals von den Nazis ins Reich Verschleppte, die versuchten mit Überfällen ihre Not zu lindern. Im Jahr 1946 gab es im Monat durchschnittlich 87 Raubüberfälle, meist auf offener Straße. Aussagekräftig ist auch die Statistik der Strafanstalt Stadelheim. 14 770 Menschen wurden im Jahr 1946 zeitweilig in den Zellen untergebracht. Im Frühjahr 1947 musste für die vielen straffällig gewordenen Bürger in Pasing ein neues Arbeitslager eröffnet werden.

Die Not ließ vielen Menschen trotzdem keine andere Wahl, als auf Diebestour zu gehen. Besonders gefährdet war öffentliches Eigentum wie Papierkörbe, Streusand und sogar Stromleitungen. Begehrt waren auch Parkbänke. Als ihre Zahl von 4 000 auf 500 gesunken war, wurden die Grünanlagen mit Holzgittern umzäunt. Die Gitter waren nach kurzer Zeit größtenteils gestohlen. Die so genannten „Holzmarder" bauten einmal ein ganzes Trambahn-Wartehäuschen ab. Im Inneren der Trambahnen wurden während der Fahrt Glühlampen und Halteriemen abmontiert, und die Bahn klagte, dass aus ihren Waggons Fenster herausgeschnitten und Polster entfernt wurden.

In den Zeitungen der Aufbaujahre finden sich immer wieder Appelle gegen „soziale Auflösungserscheinungen". Für viele Bürger waren in den ersten Nachkriegsjahren Steuerhinterziehung (nur 15-20 Prozent zahlten die fälligen Steuern), Wucher (vor allem in Gaststätten), Holzklau (sogar auf Friedhöfen), Kohleraub, Schmuggel und sogar Prostitution und Haustierschlachtungen überlebenswichtig geworden. *Marco Eisenack*

NS-Opfer

Ein Blick in die Zeitungen der Nachkriegsjahre zeigt, dass die Wiedergutmachung direkt nach Kriegsende in der öffentlichen Debatte eine erstaunlich geringe Rolle gespielt hat. Abgesehen von der Würdigung einiger Widerstandsgruppen mit umbenannten Plätzen, wie im Fall der Weißen Rose (Geschwister-Scholl-Platz) und bei der Freiheitsaktion Bayern (Münchner Freiheit), wurde die Verantwortung für die Opfer selten thematisiert. Politische Aktivitäten, die darauf abzielten, die Entschädigung der NS-Opfer zu regeln, stießen auf teils offenen gesellschaftlichen Widerstand. Das musste auch Philipp Auerbach (SPD) erleben, selber Auschwitz- und Buchenwald-Überlebender. Obwohl Auerbach wegen Betrugs in Frankreich eine zweijährige Haftstrafe verbüßt hatte, holte ihn Ministerpräsident Wilhelm Hoegner 1946 nach München. Am 16. September übernahm er das Amt des „Bayerischen Staatskommissars für die Betreuung der rassisch und politisch Verfolgten". Sein zwielichtiger Lebenslauf und sein selbstherrliches Auftreten ließ in München die antisemitischen Stimmen wieder lauter werden. Im März 1948 wurden in der Stadt Bekanntmachungen aus Auerbachs Staatssekretariat mit Zetteln überklebt, auf denen stand: „In einer Gemeinschaft von 60 Millionen Deutschen ist für Juden kein Platz!" Auch Münchens Oberbürgermeister leistete sich im November 1946 verbale Entgleisungen, die heute wohl zum Rücktritt geführt hätten. Da es viele Juden vorzogen, in den UN-Lagern auf ihre Ausreise nach Israel zu warten, anstatt beim Wiederaufbau zu helfen, nannte Scharnagl die Juden in den DP-Lagern „arbeitsscheues Gesindel". Nach der Kritik des neugegründeten Zentralrats der Juden entschied sich Scharnagl für eine andere Wortwahl, bekräftigte jedoch, dass es mit Juden Probleme wegen „mangelnder Disziplin" gebe. Dass es weiterhin Ressentiments gegen Juden gab, zeigte auch die Hysterie, die sich kurz vor dem 9. November 1945 in München ausbreitete, nachdem Gerüchte aufgetaucht waren, wonach die Stadt zum Jahrestag der „Reichskristallnacht" ehemaligen KZ-Insassen zur Plünderung freigegeben werden solle. Ein klares Bild zeichnet auch die Allensbach-Umfrage von 1949. 31 Prozent lehnten eine Wiedergutmachungspflicht gegenüber den noch lebenden Juden ab.

Auf Druck der Alliierten wurde das Thema Wiedergutmachung auf politischer Ebene dennoch eine dominierende Aufgabe. Ministerpräsident Hoegner bekannte sich in seiner Dezemberansprache 1946 klar zu Entschädigungen, dies sei „Ehrenpflicht auch für ein verarmtes Volk". Vorrangiges Ziel der Bayerischen Staatsregierung war eine zeitliche Begrenzung des Aufenthalts der im Freistaat lebenden „Displaced Persons", oft Juden aus Osteuropa. Bei den von Auerbach durchgeführten unbürokratischen Schnellverfahren auf Haftentschädigung wurden in der Hoffnung auf eine schnelle Ausreise trotz vieler Unregelmäßigkeiten beide Augen zugedrückt. 1952 wurde Auerbach unter anderem wegen Veruntreuung von 13 Millionen Reichsmark Wiedergutmachungsgeldern zu zweieinhalb Jahren Haft verurteilt. Zwei Tage später nahm er sich das Leben.

Vor dem Krieg hatten 10 000 Juden in München gelebt. Die Mehrzahl davon rettete sich zwar in die Emigration, viele aber konnten nicht rechtzeitig fliehen und wurden in Vernichtungslager deportiert, wo 3 000 Münchner Männer, Frauen und Kinder ermordet wurden. Mehrere hundert Menschen nahmen sich in der Stadt aus Verzweiflung das Leben. Am 23. Juni kehrten die ersten Münchner aus Theresienstadt zurück. Unter den 297 Rückkehrern war auch der Kinderarzt Julius Spanier. Im ehemaligen jüdischen Altenheim in der Kaulbachstraße 65 fanden die Geretteten ihre erste Anlaufstelle und gründeten am 19. Juli die neue Israelitische Kultusgemeinde. Präsident wurde Spanier. Im März 1946 lebten wieder 2 800 Juden im Stadtgebiet.

Eng verknüpft mit dem Schicksal der Opfer ist das der Täter. Symptomatisch für das oft milde Vorgehen der Justiz ist das Schicksal des NS-Oberbürgermeister Karl Fiehler. Der führende Nationalsozialist hatte schon 1923 beim Hitlerputsch eine wichtige Rolle gespielt und wurde zu 15 Monaten Festungshaft verurteilt. Später war er unter anderem Ortsgruppenführer, Mitglied der Obersten Reichsleitung der NSDAP und SS-Gruppenführer. Von 1933 bis 1945 war er Oberbürgermeister der „Hauptstadt der Bewegung". Nach seiner Festnahme durch die Amerikaner wurde er vor der Hauptspruchkammer München lediglich zu zwei Jahren Arbeitslager verurteilt, zudem bekam er zwölf Jahre Berufsverbot und musste 20 Prozent seines Vermögens abgeben. Als strafmildernd wurde zu erkannt, dass er die Sprengung der Isarbrücken verhindert haben soll. 1962 verklagte Fiehler die Stadt und forderte eine Pension als Oberbürgermeister. Das wurde ihm verwehrt, aber er bekam die Rente eines Verwaltungsobersekretärs zugesprochensprochen. Fiehlers Anwalt war, bis der öffentliche Druck zu groß wurde, der damalige Präsident des Bayerischen Landtags, Rudolf Hanauer (CSU). *Marco Eisenack*

Bildnachweis zu den Serienfolgen:

Volker Derlath: 40, 42, 90, 91;
Johann Erber: 66/67;
Fotoatelier des Münchner Stadtmuseums (Patricia Fliegauf, Dorothee Jordens-Meintker und Julia Köbel): 33, 40/41, 43, 45, 46/47, 53, 55, 57, 65, 69, 73, 75, 79, 88/89, 97, 99, 103, 109, 111;
Robert Haas: 66;
Andreas Heddergott: 26;
Catherina Hess: 28, 29, 44, 52, 56, 64, 74, 112, 113;
Peter Hopfinger: 68;
Steffen Leiprecht: 30, 31, 64, 76, 77, 88, 106, 107;
Gillian Montgomery: 110;
Stephan Rumpf: 26, 34, 35, 54, 72, 78, 86, 87, 96, 98, 100, 102, 108;
Uri Siegel: 101.

Die Bilderseiten

Die *Süddeutsche Zeitung* ist bekanntlich selbst ein Kind der Nachkriegszeit. Deshalb lagern in ihrem Bildarchiv auch noch zahlreiche Fotodokumente aus den Jahren um 1945. Für dieses Buch hat Eberhard Wolf eine repräsentative Auswahl aus diesen Fotodokumenten getroffen, die gleichzeitig auch eine Ergänzung darstellen soll zu den einzelnen Folgen der Serie. So spannt sich der Rahmen von den Zerstörungen des Bombenkriegs bis hin zu den ersten Jahren des Wirtschaftswunders – als der Krieg dann endgültig vobei war.

Seite 2: Das komplett zerstörte Wittelsbacher Palais 1945, einst gefürchtetes Hauptquartier der Gestapo.
Foto: Francé

Seite 6/7: Der Tag der Befreiung: Einmarsch der amerikanischen Truppen am 30. April 1945 in München.
Foto: Scherl

Seite 8/9: Jubelnde Häftlinge bei der Befreiung des Konzentrationslagers Dachau 1945 durch US-Truppen.
Foto: dpa

Seite 10/11: Ohne Widerstand marschieren die US-Truppen in München ein. Im Hintergrund der Justizpalast am Stachus.
Foto: US-Army

Seite 12: Beengte Verhältnisse: Menschen im Flüchtlingslager Ungererstraße in München.
Foto: Poehlmann

Seite 12: Ganze Straßenzüge waren bei Kriegsende dem Erdboden gleichgemacht. Hier die Kreuzung Luisen- und Hessstraße.
Foto: Hanns Hubmann

Seite 13: Umgestürzte Waggons, verbogene Schienen: der Hauptbahnhof im April 1945 nach einem Luftangriff.
Foto: SV-Bilderdienst

Seite 13: So hauste man in zerbombten und dennoch bewohnten Häusern: Ein WC wurde von fünf Mietparteien benutzt.
Foto: Rudolf Betz

Seite 13: Wenn es Pferdefleisch ohne Lebensmittelmarken gab, standen lange Schlangen vor der Freibank.
Foto: Poehlmann

Seite 14: Ein farbiger Soldat der US-Armee hält ein Kind im Arm; im Hintergrund spielt eine Musikkapelle.
Foto: SV-Bilderdienst

Seite 17: Ramadama: Schon kurz nach der Befreiung begann die Trümmerräumung.
Foto: SV-Bilderdienst

Seite 21: Trotz allem Elend auch Zeit für die Musen: Kunstmaler bei der Arbeit im zerstörten München 1945.
Foto: SV-Bilderdienst

Seite 23: Aufwachsen in Holzbaracken: Ein Kind im im Flüchtlingslager Allach, 1945.
Foto: Heinz Hering

Seite 24: Zerbombte Häuser vor der Silhouette der Türme der Münchner Frauenkirche.
Foto: Kurt Schraudenbach

Seite 25: Ein US-Soldat, ein Hilfspolizist und eine Militärangestellte betreten den ehemaligen Führerbau am Königsplatz.
Foto: US-Army

Seite 36: Auch Forschung und Lehre lagen am Boden: Die Münchner Universität bei Kriegsende 1945.
Foto: SV-Bilderdienst

Seite 37: Blick in die Ruinenlandschaft: Die Münchner Innenstadt war im Frühjahr 1945 weitgehend zerstört.
Foto: SV-Bilderdienst

Seite 37: Die „Bockerlbahn" diente kurz nach dem Krieg vor allem der Schutträumung, hier in der Adalbertstraße.
Foto: SV-Bilderdienst

Seite 38/39: Gespenstische Kulisse: Eine Straßenbahn fährt im Sommer 1945 durch die zerstörte Augustenstraße.
Foto: SV-Bilderdienst

Seite 48: Ansätze von Volksbelustigung: Am 14. September 1946 wurde das Münchner „Herbstfest" eröffnet.
Foto: DANA

Seite 49: An Münchner Originalen mangelte es auch in der Nachkriegszeit nicht. Hier die „dicke Amalie vom Donisl".
Foto: Schödl

Seite 50-51: Das erste Oktoberfest nach dem Krieg fand im September 1946 statt und hieß offiziell noch „Herbstfest".
Foto: SV-Bilderdienst

Seite 58: Für viele Kinder war die Schulspeisung, hier 1948 in einer Münchner Schule, oft die einzige warme Mahlzeit am Tag.
Foto: Heinz Hering

Seite 59: Letzte Anlaufstation für Notleidende: Hungernde suchen auf einer Müllkippe nach verwertbaren Resten.
Foto: SV-Bilderdienst

Seite 60: Im Jahr 1948 kam es in München sogar zu Demonstrationen gegen die Hungersnot, hier eine SPD-Veranstaltung.
Foto: US-Army

Seite 60: An der Ausgabestelle der Arbeiterwohlfahrt in München werden Care-Pakete aus den USA verteilt.
Foto: SV-Bilderdienst

Seite 60: Bäckerei in einem zerstörten Haus in München,1944. Eine Bäckersfrau verkauft an einer improvisierten Verkaufstheke Brot.
Foto: SV-Bilderdienst

Seite 61: „Suche – Biete": Der Tauschhandel mit Aushängen wie hier 1945 am Isartor war eine wichtige Quelle für Waren aller Art.
Foto: SV-Bilderdienst

Seite 61: Hamsterfahrten aufs Land: Selten aber kehrte man, wie hier im Sommer 1947, mit prall gefüllten Säcken zurück.
Foto: SV-Bilderdienst

Seite 70: Arbeitsbeschaffung für Fotografen: Für die neuen Personalausweise von 1945 werden neue Fotos gebraucht.
Foto: SV-Bilderdienst

Seite 70: Auch der öffentliche Verkehr muss improvisieren: „Haltestelle" Siegestor in der Leopoldstraße, 1945 – 1949.
Foto: SV-Bilderdienst

Seite 71: Studenten der Technischen Hochschule auf dem Schuttberg vor der Alten Pinakothek.
Foto: DENA

Seite 71: Am Morgen nach einer Bombennacht im Sommer 1944 bringt eine Frau persönliche Dinge aus ihrem Haus in Sicherheit.
Foto: SV-Bilderdienst

Seite 71: Politischer Neuanfang: Ministerpräsident Wilhelm Hoegner und das erste Nachkriegskabinett in Bayern, 1945.
Foto: SV-Bilderdienst

Seite 80/81: Bayerische Kartoffeln für Berlin: Ein Waggon aus München wird in der blockierten Stadt entladen.
Foto: Zscheile

Seite 82/83: Auch das politische Leben erwacht wieder: Kundgebung zum 1. Mai auf dem Königsplatz, 1952.
Foto: Poehlmann

Seite 84: Massenarbeitslosigkeit Anfang der fünfziger Jahre: Arbeitslose holen sich ihr Stempelgeld im Münchner Arbeitsamt ab.
Foto: SV-Bilderdienst

Seite 84: Studentennot in den Nachkriegsjahren: Werkstudenten auf Arbeitssuche beim Studentenschnelldienst in München, 1949
Foto: SV-Bilderdienst

Seite 85: Wer die Stempelkarte vorzeigen konnte, musste als Arbeitsloser in manchen Münchner Theatern keinen Eintritt zahlen.
Foto: dpa

Seite 92: Beim Wiederaufbau der Stadt bekamen natürlich auch die Frauenkirche ihre welschen Hauben wieder.
Foto: Otfried Schmidt

Seite 93: Ein Wahrzeichen ersteht wieder: Chinesische Turm im Englischen Garten im Wiederaufbau, 1952.
Foto: Berthold Fischer

Seite 94/95: Wohnungsnot im Jahr 1950: In schneller Folge entstanden in den Stadtvierteln neue Wohnhäuser.
Foto: Poehlmann

Seite 104: Es gibt wieder eine freie Presse: Feierlichkeiten zur Verleihung der Lizenz an die *Süddeutsche Zeitung*.
Foto: Francé

Seite 104: Im Winter wurde der Heizungskeller im zerbombten Verlagsgebäude zeitweise zum Büro für die SZ-Redaktion.
Foto: SV-Bilderdienst

Seite 105: Auch der Hunger nach Nachrichten war in der Nachkriegszeit enorm: ein Zeitungsstand im Jahr 1950.
Foto: Grossar

Seite 114: Schon bald nach der Währungsreform gab es wieder genug Lebensmittel – hier auf dem Viktualienmarkt.
Foto: Poehlmann

Seite 114: Kunden vor einer Metzgerei, Anfang der fünfziger Jahre.
Foto: Poehlmann

Seite 115: Auf der Auer Dult wurde nach dem Krieg mit allem gehandelt, was nicht niet- und nagelfest war.
Foto: Poehlmann

Seite 116: Das Verkehrschaos der frühen Jahre: Schon 1954 quetschten sich Autokolonnen durch die Innenstadt.
Foto: SV-Bilderdienst

Seite 117: Direkt nach dem Krieg war der Verkehr noch überschaubar: Blick vom Marienplatz in die Kaufingerstraße 1945.
Foto: SV-Bilderdienst

Seite 117: Das Künstlerviertel lebte wieder auf. Maler und Dichter trafen sich in den Schwabinger Kleinkunstkneipen.
Foto: Heinz Hering

Seite 117: Schwabing in den fünfziger Jahren. Eingang zum Studio für Film-Kunst in der Occamstraße.
Foto: Heinz Hering

Seite 118: Endlich wieder normale Oktoberfeste: 1955 waren die Schrecken des Krieges fast schon vergessen.
Foto: SV-Bilderdienst

Seite 118: Das Wirtschaftswunder kündigt sich schon an: Blick vom Hotel „Königshof" auf den Stachus, 1951.
Foto: Cropp

Inhalt